全国医药中等职业教育药学类“十四五”规划教材（第三轮）

供医药卫生类专业使用

基础健美操

主　编　吕　慎
主　审　蓝　涛
副主编　宁　杰　任嘉恩

中国健康传媒集团
中国医药科技出版社

内容提要

“基础健美操”课程是一门新型基础学科，通过规范的健美操练习，可以培养学生的体态、气质以及音乐节奏感，使学生的身心得以均衡发展。本教材共分三章，内容主要包括健美操基本动作与教学，健美操教学示范套路以及啦啦操运动，全书用简洁的语言和图示对健美操标准动作进行详细的动作分解介绍，啦啦操运动部分还同步配套视频，扫码即可进行练习。本教材图文并茂，易于学生理解和练习。

图书在版编目（CIP）数据

基础健美操 / 吕慎主编．—北京：中国医药科技出版社，2021.7

全国医药中等职业教育药学类“十四五”规划教材．第三轮

ISBN 978-7-5214-2165-1

Ⅰ.①基…　Ⅱ.①吕…　Ⅲ.①健美操-中等专业学校-教材　Ⅳ.①G831.3

中国版本图书馆 CIP 数据核字（2020）第 235969 号

美术编辑　陈君杞
版式设计　友全图文

出版　**中国健康传媒集团**｜中国医药科技出版社
地址　北京市海淀区文慧园北路甲 22 号
邮编　100082
电话　发行：010-62227427　邮购：010-62236938
网址　www.cmstp.com
规格　787mm × 1092mm $^{1}/_{16}$
印张　5 $^{3}/_{4}$
字数　120 千字
版次　2021 年 7 月第 1 版
印次　2021 年 7 月第 1 次印刷
印刷　三河市航远印刷有限公司
经销　全国各地新华书店
书号　ISBN 978-7-5214-2165-1
定价　38.00 元

出版说明

2011年，中国医药科技出版社根据教育部《中等职业教育改革创新行动计划（2010—2012年）》精神，组织编写出版了“全国医药中等职业教育药学类专业规划教材”；2016年，根据教育部2014年颁发的《中等职业学校专业教学标准（试行）》等文件精神，修订出版了第二轮规划教材“全国医药中等职业教育药学类‘十三五’规划教材”，受到广大医药卫生类中等职业院校师生的欢迎。为了进一步提升教材质量，紧跟职教改革形势，根据教育部颁发的《国家职业教育改革实施方案》（国发〔2019〕4号）、《中等职业学校专业教学标准（试行）》（教职成厅函〔2014〕48号）精神，中国医药科技出版社有限公司经过广泛征求各有关院校及专家的意见，于2020年3月正式启动了第三轮教材的编写工作。在教育部、国家药品监督管理局的领导和指导下，在本套教材建设指导委员会专家的指导和顶层设计下，中国医药科技出版社有限公司组织全国60余所院校300余名教学经验丰富的专家、教师精心编撰了“全国医药中等职业教育药学类‘十四五’规划教材（第三轮）”，该套教材付梓出版。

本套教材共计42种，全部配套“医药大学堂”在线学习平台。主要供全国医药卫生中等职业院校药学类专业教学使用，也可供医药卫生行业从业人员继续教育和培训使用。

本套教材定位清晰，特点鲜明，主要体现如下几个方面。

1. 立足教改，适应发展

为了适应职业教育教学改革需要，教材注重以真实生产项目、典型工作任务为载体组织教学单元。遵循职业教育规律和技术技能型人才成长规律，体现中职药学人才培养的特点，着力提高药学类专业学生的实践操作能力。以学生的全面素质培养和产业对人才的要求为教学目标，按职业教育“需求驱动”型课程建构的过程，进行任务分析。坚持理论知识“必需、够用”为度。强调教材的针对性、实用性、条理性和先进性，既注重对学生基本技能的培养，又适当拓展知识面，实现职业教育与终身学习的对接，为学生后续发展奠定必要的基础。

2. 强化技能，对接岗位

教材要体现中等职业教育的属性，使学生掌握一定的技能以适应岗位的需要，具有一定的理论知识基础和可持续发展的能力。理论知识把握有度，既要给学生学习和掌握技能奠定必要的、足够的理论基础，也不要过分强调理论知识的系统性和完整性；

注重技能结合理论知识，建设理论－实践一体化教材。

3. 优化模块，易教易学

设计生动、活泼的教学模块，在保持教材主体框架的基础上，通过模块设计增加教材的信息量和可读性、趣味性。例如通过引入实际案例以及岗位情景模拟，使教材内容更贴近岗位，让学生了解实际岗位的知识与技能要求，做到学以致用；“请你想一想”模块，便于师生教学的互动；“你知道吗”模块适当介绍新技术、新设备以及科技发展新趋势、行业职业资格考试与现代职业发展相关知识，为学生后续发展奠定必要的基础。

4. 产教融合，优化团队

现代职业教育倡导职业性、实践性和开放性，职业教育必须校企合作、工学结合、学作融合。专业技能课教材，鼓励吸纳1～2位具有丰富实践经验的企业人员参与编写，确保工作岗位上的先进技术和实际应用融入教材内容，更加体现职业教育的职业性、实践性和开放性。

5. 多媒融合，数字增值

为适应现代化教学模式需要，本套教材搭载“医药大学堂”在线学习平台，配套以纸质教材为基础的多样化数字教学资源（如课程PPT、习题库、微课等），使教材内容更加生动化、形象化、立体化。此外，平台尚有数据分析、教学诊断等功能，可为教学研究与管理提供技术和数据支撑。

编写出版本套高质量教材，得到了全国各相关院校领导与编者的大力支持，在此一并表示衷心感谢。出版发行本套教材，希望得到广大师生的欢迎，并在教学中积极使用和提出宝贵意见，以便修订完善，共同打造精品教材，为促进我国中等职业教育医药类专业教学改革和人才培养作出积极贡献。

全国医药中等职业教育药学类“十四五”规划教材（第三轮）

建设指导委员会名单

主 任 委 员　张耀华　中国药师协会

副主任委员　（以姓氏笔画为序）

刘运福	辽宁医药职业学院	阳　欢	江西省医药学校
孙师家	广东省食品药品职业技术学校	李　刚	亳州中药科技学校
李　冰	淄博市技师学院	李榆梅	天津药科中等专业学校
沈雁平	淮南职业教育中心	宋向前	天水市卫生学校
张雪昀	湖南食品药品职业学院	张福莹	潍坊弘景中医药学校
张橡楠	河南医药健康技师学院	周　琦	广西中医药大学附设中医学校
贾　强	山东药品食品职业学院	倪　汀	江苏省常州技师学院
蒋忠元	上海市医药学校	程　敏	四川省食品药品学校
靳柯娟	安徽阜阳技师学院	薛亚明	北京实验职业学校

委员　（以姓氏笔画为序）

丁冬梅	广东省食品药品职业技术学校	马　昕	本溪市化学工业学校
王小佳	揭阳市卫生学校	王金鹏	四川省食品药品学校
王桂梅	山东药品食品职业学院	厉　欢	河南医药健康技师学院
石　磊	江西省医药学校	卢延颖	本溪市化学工业学校
卢楚霞	广东省新兴中药学校	田　洋	本溪市化学工业学校
冯建华	四川省食品药品学校	巩海涛	山东药品食品职业学院
吕　慎	上海市医药学校	刘　波	上海市医药学校
刘开林	四川省食品药品学校	刘长久	四川省食品药品学校
刘巧元	湖南食品药品职业学院	刘桂丽	江苏省常州技师学院
许瑞林	江苏省常州技师学院	孙　晓	山东药品食品职业学院

苏兰宜	江西省医药学校	杨永庆	天水市卫生学校
李　芳	珠海市卫生学校	李应军	四川省食品药品学校
李桂兰	江西省医药学校	李桂荣	山东药品食品职业学院
李承革	四川省食品药品学校	何　红	江西省医药学校
张　玲	山东药品食品职业学院	张一帆	山东药品食品职业学院
张小明	四川省食品药品学校	陈　静	江西省医药学校
林　勇	江西省医药学校	林　楠	上海市医药学校
欧阳小青	广东省食品药品职业技术学校	欧绍淑	广东省湛江卫生学校
尚金燕	山东药品食品职业学院	罗　翀	湖南食品药品职业学院
罗玲英	江西省医药学校	周　容	四川省食品药品学校
郑小吉	广东省江门中医药学校	柯宇新	广东省食品药品职业技术学校
赵　磊	四川省食品药品学校	赵珍东	广东食品药品职业学院
秦胜红	四川省食品药品学校	贾效彬	亳州中药科技学校
夏玉玲	四川省食品药品学校	高　娟	山东药品食品职业学院
高丽丽	江西省医药学校	郭常文	四川省食品药品学校
黄　瀚	湖南食品药品职业学院	常光萍	上海市医药学校
崔　艳	上海市医药学校	彭荣珍	广东省江门中医药学校
董树裔	上海市医药学校	鲍　娜	湖南食品药品职业学院

全国医药中等职业教育药学类“十四五”规划教材（第三轮）

评审委员会名单

前言

“基础健美操”课程是一门新型基础学科，它是以遵循学生身心规律，健康第一为主要目的，满足中职学生体育与健身的兴趣，培养学生良好的姿态、高雅的气质和音乐节奏感等。通过形体锻炼等力量练习，使身体各部分的肌肉得到协调、均匀的发展。在形体训练的过程中，根据不同的训练内容，安排一些节奏舒缓或者节奏鲜明的音乐以达到愉悦身心的作用。形体训练的教学实践也证明：初次接触形体训练的学生中，大多数节奏韵律感差，听不出音乐节奏，对于一拍一动、二拍一动更是摸不着头脑，只有少数学生能合拍有节奏的练习，而通过一段时间的形体训练后，大部分学生都能跟得上音乐的节奏，较好地表达音乐的内涵。从而达到激发中职学生对美的领悟力和表现力，丰富精神世界，唤起热爱祖国的高尚情操等目的。

本教材对啦啦操的知识性、实用性、基本动作等进行了阐述。啦啦操作为一种独具魅力的新兴体育运动项目，起源于美国橄榄球比赛场边，在音乐或口号的衬托下，借助标语、道具等表达手段，通过展示各种极具鼓舞性、感染性的动作，来烘托赛场上的气氛，鼓舞赛场上的队员取得胜利，是一项具有艺术性的身体活动。啦啦操发展时间较短，但却能在短时间内得到世界上许多国家的认可，现在也逐渐被人们推向奥运会的比赛项目中。中国观众借助美国职业篮球联赛的窗口，认识了啦啦操这项运动，至此，啦啦操运动开始了在中国的飞速发展。因此，在学校开设“基础健美操”课程不仅能使中职学生学到健美操和啦啦操的基本知识，还能在艺术教育上得到一个质的飞跃，同时对中职学生的身心发展也起到了重要的作用。

本教材由上海市医药学校艺术部健美操队主持编写，由于编者水平有限，疏漏之处在所难免，恳请广大读者批评指正。

编　者

2020 年 12 月

目录

第一章 健美操基本动作与教学

内容摘要

健美操基本动作是健美操教学的基础内容，是学习健美操组合动作及成套动作的前提和基础，通过对本章健美操基本动作的概念及练习价值，健美操基本动作以及健美操基本动作教学的学习，为学生迅速、准确地掌握健美操动作的技术要求和特点以及成套动作的学习打下坚实的基础。

教学目标

通过本章的学习了解健美操基本动作的分类，掌握健美操基本步法、常用手臂动作的技术要求及方法。

健美操基本动作是构成健美操组合动作及成套效果的基本要素，是扩展和丰富健美操动作及组合的核心动作；健美操基本动作是健美操教学的基础内容，是学习健美操组合动作及成套动作的前提和基础。在健美操基本动作的教学过程中，教师应根据健美操基本动作内容的分类及技术结构组织教学。通过基本动作的训练，使身体各器官的功能产生适应性变化，培养身体各部位的肌肉感觉，对动作技术进行正确的迁移，为学生更加迅速、准确地掌握健美操动作的技术要求和特点以及成套动作的学习打下坚实的基础。

第一节 健美操基本动作

健美操基本动作主要由站立、基本步法和上肢动作组成。通过基本动作的学习，能够使练习者掌握健美操基础技术。其中，良好的站立姿势是学习健美操的前提，基本步法是健美操最为基础的组成部分，是健美操学习的基本内容。上肢动作包括手臂和手型，是健美操基本姿态的重点练习内容。

一、基本站立姿态

立是指两腿站立的姿势，有直立、分腿立、提踵立、点地立、单腿立等。

（一）直立（图 1－1）

动作做法：两腿伸直并立，臀部上收，立腰、收紧臀部，两肩下沉，两眼平视，下额稍向后收，头的后部向上顶。

技术要求：身体姿态挺拔，头、躯干和腿在一条垂直线上。

（二）分腿立（图 1－2）

动作做法：两脚分开与肩同宽，重心在两腿之间。臀部上收，立腰、收紧腹部，两肩下沉，两眼平视，下额稍向后收，头的后部向上顶。

技术要求：身体姿态挺拔，头、躯干和腿在一条垂直线上。

（三）提踵立（图1－3）

动作做法：两脚并立，脚跟提起，臀部上收夹紧，立腰、收紧腹部，两肩下沉，两眼平视，下额稍向后收，头的后部向上顶。

技术要求：支撑腿脚跟提起至最大限度，脚跟向前顶，使小腿脚面在一条垂线上。

图1－1

图1－2

图1－3

（四）点地立（图1－4）

图1－4

图1－5

图1－6

动作做法：一腿支撑，另一腿伸直前点地（侧点地、后点地）。

技术要求：重心在支撑腿上，动力腿尽量向远伸。

（五）吸腿立（图1－5）

动作做法：一腿支撑，另一腿屈膝上举，脚贴于支撑腿的膝关节内侧。

技术要求：重心在支撑腿上，举腿至大腿与地面平行，绷脚尖贴于膝关节处。

（六）弓步（图1－6）

动作做法：①前弓步：两脚自然分开，前后大分腿站立，前腿屈膝，后腿伸直。②侧弓步：两腿大分腿开立，一腿屈膝，膝关节指向前方，另一腿伸直。

技术要求：收腹、立腰，小腿垂直于地面，重心在两脚之间。

二、基本步法

健美操基本步法根据人体运动时对地面的冲击力大小分为低冲击力步法、高冲击力步法和无冲击力步法三大类。许多低冲击力动作通过改变用力方法也可以做成高冲击力动作。

（一）无冲击力步法

无冲击力步法动作是指两脚始终接触地面，身体重心在两脚之间没有腾空的动作。

1. 半蹲 Squat

（1）并立半蹲（图 1－7）

动作做法：两腿并立有控制地弯屈和伸直。

技术要求：屈膝下蹲时膝关节角度不小于90 度，屈髋上体前倒，臀部向后45 度方向下蹲，膝关节不超过脚尖。

图 1－7

图 1－8

（2）开立半蹲（图 1－8）

动作做法：两腿左右分开，比肩稍宽，脚尖稍外开，髋、膝有控制地屈和伸。

技术要求：屈膝时关节角度不小于 90 度，膝关节对准脚尖方向，屈髋上体前倒，臀部向后 45 度方向下蹲，膝关节不超过脚尖。

2. 弓步 Lunge

图 1－9

图 1－10

（1）前弓步（图 1－9）

动作做法：两脚自然分开，前后大分腿站立，前腿屈膝，后腿伸直。

技术要求：收腹、立腰，小腿垂直于地面，重心在两腿之间。

（2）侧弓步（图 1－10）

动作做法：两腿大分腿开立，一腿屈膝，膝关节指向侧方，一腿伸直。

技术要求：收腹、立腰，小腿垂直于地面，重心在两脚之间。

（二）低冲击力步法

低冲击力步法是指在做动作时始终有一脚接触地面，而根据动作完成形式的不同，可分为以下四类。

1. 交替类 两脚做交替落地的动作。

（1）踏步 March（图 1－11）

图 1－11

图 1－12

图 1－13

动作做法：两腿原地依次抬起，依次落地。

技术要求：前脚掌先落地，过渡至全脚掌，下落时，踝、膝、髋关节依次有弹性地缓冲。

（2）走步 Walk（图 1－12）

动作做法：迈步向前走或向后退，然后反之。向前走时，脚跟先落地，过渡到全脚掌；向后走时则反之。

技术要求：每步落地下肢关节依次缓冲，并随移动方向移重心、蹬伸。

（3）一字步 Easy walk（图 1－13）

动作做法：右脚向前一步，左脚并于右脚，然后再依次还原。

技术要求：向前迈步时，脚跟着地，过渡至全脚掌；前后均要有并腿过程；每次落地下肢关节依次顺势缓冲屈伸。

（4）V 字步 V—step（图 1－14）

图 1－14

图 1－15

动作做法：右脚向前迈一步，左脚随之向左前方迈一步，成两脚开立，屈膝缓冲，然后依次退回原位。

技术要求：向前迈步时，脚跟着地，过渡至全脚掌；两脚运动轨迹成 V 字形，每次落地下肢关节依次顺势缓冲屈伸。

（5）漫步 Mambo（图 1－15）

动作做法：右脚向前迈出，屈膝缓冲，重心随之前移，左脚稍抬起，然后原地落下；右脚向后一步，重心后移，左脚稍抬，然后原地落下。

技术要求：两脚始终保持交替落地，身体重心随动作前后移动，但始终在两脚之间。

（6）BOX 步 Box walk（图 1－16）

图 1－16

图 1－17

动作做法：右脚向前迈步，左脚向右前方迈出，随后右脚向后一步，左脚向右脚并拢。

技术要求：重心随步法移动，身体始终保持面向前方。

2. 迈步类　是指一条腿先迈出一步，同时移动身体重心，另一腿用脚跟、脚尖点地或吸腿、屈腿、踢腿等，然后向另一个方向迈步的动作。

（1）并步 Step touch（图 1－17）

动作做法：右脚向右侧迈一步，左脚前脚掌并于右脚屈膝点地：随后相反方向迈步。

技术要求：每一拍动作髋、膝、踝始终保持屈伸弹动。

（2）迈步点地 Step tap（图 1－18）

图 1－18

图 1－19

图 1－20

动作做法：右脚向侧迈一步，两腿经屈膝移重心，成左脚侧立点地立。可做前、侧、后用脚尖或脚跟点地。

技术要求：两膝同时有弹性地屈伸，动力腿尽量远伸。

（3）迈步吸腿 Step knee（图 1－19）

动作做法：右脚向前迈一步，左腿屈膝举至水平，左、右腿依次向后迈步还原。

技术要求：经过屈膝半蹲，抬膝时支撑腿稍屈膝，上体稍前倾，保持关节的屈伸控制。

（4）迈步后屈腿 Step curl（图 1－20）

动作做法：右脚迈出一步，左腿小腿后屈，后屈腿的脚跟靠近臀部，然后相反方向迈步。

技术要求：经屈膝半蹲，重心控制在支撑腿上稍屈膝，保持关节的屈伸控制。

（5）侧交叉步 Grapevine（图 1－21）

图 1－21

图 1－22

动作做法：右脚向侧迈一步，左脚在其后交叉，稍屈膝，随之再向侧迈一步，左脚点地并腿稍屈膝。

技术要求：第一步脚跟先着地，身体重心快速随着脚步而移动、保持髋、膝、踝关节的屈伸弹动。

（6）拖步 Pull walk（图 1－22）

动作做法：左脚向左跨一步，屈膝落地，右腿伸直并顺势向左拖移，随后还原成直立。

技术要求：落地屈膝、重心拖移随即控制。

（7）恰恰步：Cha－cha－cha（图 1－23）

动作做法：右脚向右迈一步并向上跳起，空中左脚迅速向右脚靠拢，左、右腿依次落地，重心在两脚之间。

技术要求：二拍三动，两脚之间重心移动流畅，身体稍后倾，空中有并腿过程。

图 1－23

图 1－24

图 1－25

3. 点地类　一腿屈膝站立，另一腿伸出，用脚尖或脚跟点地后还原到并腿位置的动作。

（1）脚尖点地 Tap together（图 1－24）

动作做法：一腿稍屈膝站立，另一腿脚尖点地，然后还原到并腿姿势。可做前、侧、后点地。

技术要求：支撑腿始终保持屈膝站立，并且随动作有弹性的屈伸。

（2）脚跟点地 Heel together（图 1－25）

动作做法：一腿稍屈膝站立，另一腿脚跟点地，然后还原到并腿姿势。只可做向前和向侧的脚跟点地。

技术要求：支撑腿始终保持屈膝站立，并且随动作有弹性地屈伸。

4. 抬腿类　一腿站立，另一腿以直腿或屈腿形式向上抬起。

（1）吸腿 Knee lift（图 1－26）

图 1－26

图 1－27

图 1－28

动作做法：一腿支撑，另一腿屈膝向上抬起，落下还原。

技术要求：支撑腿保持屈膝弹动，屈膝举至大腿与地面平行，上体保持正直。

（2）摆腿 Leg lift（图 1－27）

动作做法：一腿站立，另一腿向侧、向前或侧前、侧后摆动。

技术要求：支撑腿稍屈，保持身体稳定，摆腿有控制，上体保持正直。

（3）踢腿 Kick（图 1－28）

动作做法：一腿支撑地面，另一腿向前、向侧或向后踢腿，然后还原。

技术要求：支撑腿保持屈膝弹动，向上踢腿加速度，下落速度快，还原两腿并拢，上体保持正直。

（三）高冲击力步法

高冲击力步法是指双脚同时离开地面的动作，有腾空的动作。有些高冲击力步法是从无冲击力步法和低冲击力步法动作通过改变用力方法演变而来的。高冲击力步法也分为四种。

1. 双腿起跳类

（1）并腿小跳 Jump（图 1－29）

图 1－29

图 1－30

图 1－31

动作方法：两脚并拢，两腿稍屈膝跳起，腾空时两腿伸直，随后两脚同时落地屈膝缓冲。

技术要求：两腿稍屈膝蹬伸至脚趾尖，空中保持身体肌肉适度紧张，落地时前脚掌着地过渡到全脚掌。

（2）开合跳 Jumping jack（图 1－30）

动作做法：两腿屈膝向上跳起，落地成开立，随后向上跳起，两腿并拢还原落地。

技术要求：分腿落地时前脚掌着地过渡到全脚掌，两脚自然外开，屈膝时关节角度大于 90 度，膝关节对准脚尖方向。

（3）弓步跳 Lunge jump（图 1－31）

动作做法：两腿并拢屈膝向上跳起，落地成前后大分腿立，前腿屈膝，后腿伸直，随后向上跳起，两腿并拢还原落地。

技术要求：收腹、立腰，小腿垂直于地面，重心在两脚之间，落地屈膝缓冲。

2. 交替起跳类

后踢腿跑 Jogging（图 1－32）

动作做法：左腿蹬地跳起，右腿屈膝后踢，两腿依次交替进行。

技术要求：髋关节保持伸展，摆动腿后屈脚尖接近臀部，落地屈膝缓冲。

图 1－32

图 1－33

图 1－34

3. 迈步起跳类

（1）迈步吸腿跳 Step knee jump（图 1－33）

动作做法：右腿向前迈步，左腿屈膝举至水平同时向上跳起，左、右腿依次向后迈步还原。

技术要求：吸腿跳时上体直立稍前倾，落地屈膝缓冲。

（2）迈步后屈腿跳 Step curl jump（图 1－34）

动作做法：右腿迈步，左腿小腿后屈，同时向上跳起。

技术要求：经屈膝向上跳起，屈膝的脚跟靠近臀部，落地屈膝缓冲。

（3）侧交叉步跳 Grapevine jump（图 1－35）

图 1－35

图 1－36

动作做法：右脚向侧迈步，左脚在其后交叉，稍屈膝，随之再向侧迈一步，左脚向右脚并拢同时跳起。

技术要求：身体重心快速随着脚步而移动，保持髋、膝、踝关节的屈伸弹动，腾空落地屈膝缓冲。

（4）小马跳 Pony jump（图 1－36）

动作做法：右脚稍向上举起，左腿蹬地向侧小跳，同时屈膝向右脚靠拢，右、左脚依次落地并交换腿小跳，至右脚站立、左脚前脚掌点地。

技术要求：依次落地，二拍三动，第二排两脚交换着地。

4. 单腿起跳类

（1）吸腿跳 Knee lift jump（图 1－37）

图 1－37

图 1－38

图 1－39

动作做法：左腿向上跳起同时右腿屈膝上举至水平，随后右腿与左腿并拢落地。

技术要求：摆动腿屈膝至 90 度，小腿垂直地面，上体正直。

（2）钟摆跳 Swing jump（图 1－38）

动作做法：右腿侧摆，同时左腿跳起，右腿着地跳起，同时左腿侧摆。

技术要求：两腿像钟摆一样摆动，重心始终与地面垂直，落地屈膝缓冲。

（3）弹腿跳 Flick jump（图 1－39）

动作做法：右腿后屈同时左腿跳起，左腿继续跳起同时右膝伸直向下方弹踢。

技术要求：后屈腿大腿垂直于地面，弹踢时大腿先发力，随后小腿有控制地像前下方伸。

（4）踢腿跳 Kick jump（图 1－40）

动作做法：左腿支撑连续跳起两次，同时右腿向前（侧）踢，至最高点达到肩的高度，顺势落下与支撑腿并拢。

技术要求：直腿提高，下落迅速与支撑腿并拢，向上踢腿和下落都要有加速度，上体保持正直。

（5）踏步跳 March jump（图 1－41）

动作做法：右脚向前一步稍屈膝，随即向上跳起，左腿后举。

图 1－40

图 1－41

技术要求：空中右腿稍前踢，左腿后举有控制，上体保持正直，落地屈膝缓冲。

健美操基本动作分类表

类别	原始动做形式	低冲击力形式	高冲击力形式	无冲击力形式
交替类	踏步 March	踏步 March 走步 Walk 一字步 Easy walk V 字步 V – step 漫步 Mambo BOX 步 Box walk	跑步 Jop	
迈步类	并步 Step touch	并步 Step touch 迈步点地 Step tap（heel） 迈步吸腿 Step knee 迈步后屈腿 Step curl 侧交叉步 Grapevine 恰恰步 Cha – cha – cha 拖步 Pull walk	并步跳 Step jump 小马跳 Pony jump 迈步吸腿跳 Step knee jump 迈步后屈腿跳 Step curl jump 侧交叉步跳 Grapevine jump	
点地类	点地 Touch	脚尖点地 Tap together 脚跟点地 Heel together		
抬起类	抬腿 Lift step	吸腿 Knee lift 摆腿 Leg lift 踢腿 Kick	吸腿跳 Knee lift jump 摆腿跳 Leg lift jump 踢腿跳 Kick jump 钟摆跳 Swing jump 弹腿跳 Flick jump 踏步跳 March jump	
双腿类			并腿跳 Jump 开合跳 Jumping jack 弓步跳 Lunge jump	半蹲 Squat 弓步 Lunge

三、上肢基本动作

健美操上肢基本动作主要包括常用手型及手臂基本动作，在健美操运动中手型和手臂动作的变化既能使动作新颖、多样，又能改变动作的强度和难度。

（一）常用手型

图 1 – 42

图 1 – 43

1. 并掌　五指并拢，指关节伸直（图 1 – 42）。

2. 开掌　五指用力分开，指关节伸直（图 1 – 43）。

图 1 – 44

图 1 – 45

3. 拳 四指指关节弯屈，握紧，拇指扣在食指与中指的第二关节处（图 1－44）。

4. 花掌 五指用力伸直张开，从小拇指依次内旋，形成一个扇面（图 1－45）。

图 1－46

图 1－47

5. 立掌 手掌用力上屈，五指指关节自然弯曲（图 1－46）。

6. 指 食指伸直，其余手指握紧（图 1－47）。

（二）手臂基本动作

1. 举（图 1－48）

图 1－48－1

图 1－48－2

图 1－48－3

图 1－48－4

图 1－48－5

动作做法：臂移动范围在 180 度内，并稍停止在某一方位上的动作。

技术要求：手臂放松，手指远端用力带动手臂移动，停在某一部位时，肩关节放松，指尖向远伸（有向远延伸的感觉）。

2. 屈臂（图1－49）

图1－49－1

图1－49－2

图1－49－3

动作做法：大臂与小臂关节角度减小。

技术要求：肘关节屈，大小臂收紧，肱二头肌收缩。

3. 伸臂（图1－50）

动作做法：大臂与小臂关节角度增大。

技术要求：动作过程中，手臂放松，手指和肘关节同时移动，停在某一部位时，肩关节放松、指尖向远伸。

图1－50

4. 摆动

动作做法：以肩关节为轴，屈臂或直臂在180度以内的同时或依次运动。

技术要求：沿身体矢状面或额状面自然摆动。动作放松、幅度大。

5. 绕与环绕

动作做法：以肩关节为轴，手臂在180度至360度之间的为绕；大于360度以上的圆周运动为绕环。

技术要求：绕、绕环时，手指尖带动手臂移动，动作幅度大。

第二节 健美操基本动作的教学

通过基本动作的训练，使身体各器官的机能产生适应性变化，培养身体各部位的肌肉感觉，对动作技术进行正确的迁移，使学生更加迅速、准确地掌握动作的技术要求和特点。

一、健美操基本动作教学步骤

（一）健美操基本步法教学步骤

组合一：

并腿半蹲—屈膝弹动—脚跟前点地—脚跟侧点地—脚尖后点地。

组合二：

开立半蹲—迈步点地—并步—迈步后屈腿。

组合三：

迈步点地—并步—两次并步—侧交叉步。

组合四：

踏步—踏步三次点地一次—向前走三步第四部点地—后退三步第四步点地—向前走三步吸腿—后退三步吸腿。

组合五：

一字步—BOX 步—迈步后屈腿—小马跳。

组合六：

并步—迈步吸腿—恰恰步—弹踢腿跳。

组合七：

一字步—V 字步—迈步吸腿—钟摆跳。

组合八：

侧交叉步跳—向前跑步—向后跑步—开合跳—拖步—并腿小跳。

（二）健美操上肢动作教学步骤

组合一：

1 拍左臂前举—2 拍右臂前举—3 拍左臂上举—4 拍右臂上举—5 拍左臂侧举—6 拍右臂侧举—7 拍两臂体前交叉—8 拍还原。

组合二：

1 拍两臂前举，掌心相对—2 拍两臂上举，掌心相对—3 拍两臂侧举，掌心向下—4 拍还原—5 拍左臂侧举，同右臂上举，掌心相对—6 拍左臂上举，右臂侧举，掌心相对—7 拍两臂侧举，掌心向下—8 拍还原。

组合三：

1 拍两臂胸前平举，拳心向下—2 拍两臂侧上举，掌心向外—3 拍两臂侧下举，掌心向内—4 拍还原—5 拍两臂胸前屈，拳心相对—6 拍左臂胸前平屈，拳心向下—7 拍右臂侧举，左臂胸前平屈，拳心向下—8 拍还原。

组合四：

1 拍左臂侧上举，右臂侧下举，掌心向下—2 拍两臂胸前屈交叉一，拳心向内—3 拍右臂侧上举，左臂侧下举，掌心向下—4 拍两臂胸前屈交叉，拳心向内—5 拍两臂肩上屈，拳心向内—6 拍两臂前举交叉，掌心向下（开掌）—7 拍两臂侧举，掌心向下—8 拍还原。

组合五：

1 拍左臂前举，掌心向内—2 拍左臂上举，右臂前举，掌心向内—3 拍左臂侧举，右臂上举，掌心相对—4 拍还原—5 拍左臂前举，右臂上举，掌心相对—6 拍两臂胸前屈交叉，拳心向内—7 拍右臂前举，掌心相对—8 拍还原。

二、健美操基本动作教学时应注意的问题

（一）动作的准确性

教师在教授健美操的基本动作时，不仅要要求学生肢体运动的位置、方位和路线清晰、准确，而且要要求学生准确控制肢体运动过程中发力的部位、力的大小、方向及作用点。因此，在教学过程中，教师应加强学生控制肌肉收缩与伸展能力的练习，以表现出健美操动作力与美的协调统一。

（二）动作的弹性

弹性是健美操运动的特点之一，主要由踝关节及髋关节的屈伸来完成。因此，在进行健美操基本动作教学时，应运用屈腿半蹲、开立半蹲等最基础动作练习学生控制关节屈伸的能力，避免动作过分僵硬和关节的过度伸展，使动作富有弹性。

（三）动作的韵律

健美操动作的韵律与伴奏音乐的节奏相符合，能够更好地体现健美操的力与美，这就要求学生要具有一定的肌肉控制力和良好的音乐节奏感。因此，教师在基本动作教学中，应注意由慢到快、循序渐进地训练学生的动作节奏感，并在音乐的伴奏中体会动作的韵律。

思考题

1. 简述健美操基本动作的概念及练习价值。
2. 简述健美操基本动作有哪几部分组成。

3. 根据人体运动时对地面的冲击力大小，健美操基本步法分为哪几类？并举例说明。

4. 举例说明低冲击力步法是如何分类的。

5. 健美操上肢的基本动作与手型有哪些？

6. 试述健美操基本动作教学时应注意哪些问题。

第二章 健美操教学示范套路

内容摘要

为更好地帮助学生了解和掌握健美操，我们根据健美操学习由易到难的规律和学生不同的项目需求特点创编了五套不同类型健美操示范套路，本章图文并茂为学生学习健美操提供了新颖、时代感浓厚的动作素材。

教学目标

通过对这些示范套路的学习，使学生能够掌握健美操练习方法、提高健美操的动作技术水平，感受健美操运动的独特魅力。

第一节 健美操一级套路

本套操动作简单、易学，主要由低冲击力健美操步法组成，成套动作流畅，适合健美操初学者学习。通过该操的学习，提高身体姿态的控制能力和协调性，为健美操学习打下良好的基础。

第一节（四个八拍）×2

预备姿势：直立

第一个八拍

1 2 3 4 5 6 7 8

动作说明	下肢	1～4 拍右脚开始踏步；5～8 拍向前走四步
	躯干与手臂	1～8 拍手臂自然摆臂
	面向	1～8 拍 1 点

第二个八拍

1 2 3 4 5 6 7 8

动作说明	下肢	1～8 拍右脚开始两次一字步
	躯干与手臂	1～2 拍两臂交叉前举；3 拍侧举；4 拍还原；5～8 拍动作同 1～4 拍
	面向	1～8 拍 1 点

第三个八拍

1 2 3 4 5 6 7 8

动作说明	下肢	1～2 拍右脚迈步后屈腿；3～4 拍左脚迈步后屈腿；5～8 拍动作同 1～4 拍
	躯干与手臂	1～2 拍两臂摆至右臂侧举，左臂胸前平屈；3～4 拍动作同 1～2 拍，方向相反；5～8 拍动作同 1～4 拍
	面向	1～8 拍 1 点

第四个八拍

1 2 3 4 5 6 7 8

动作说明	下肢	1～3 拍右脚开始后退三步；4 拍双足跳；5～8 拍动作同 1～4 拍，方向相反
	躯干与手臂	1～3 拍两臂立掌向前推至前举；4 拍击掌；5～8 拍动作同 1～4 拍，方向相反
	面向	1～3 拍 8 点；4 拍 1 点；5～7 拍 2 点；8 拍 1 点

第五至第八个八拍动作同第一至第四个八拍动作，但方向相反。

第二节（四个八拍）×2

第一个八拍

动作说明	下肢	1 拍右脚侧点地；2 拍还原；3～4 拍动作同 1～2 拍，方向相反；5～8 拍提踵两次
	躯干与手臂	1 拍右臂前冲拳；2 拍还原；3～4 拍动作同 1～2 拍，方向相反；5～8 拍击掌 2 次
	面向	1 拍 8 点；2 拍 1 点；3 拍 2 点；4～8 拍 1 点

第二个八拍

动作说明	下肢	1～2 拍直立；3～4 拍右脚左前 1/2 漫步；5～8 拍动作同 1～4 拍，方向相反
	躯干与手臂	1～2 拍击掌两次；3～4 拍两臂侧上举，花掌；5～8 拍动作同 1～4 拍，方向相反
	面向	1～2 拍 1 点，3～4 拍 8 点；5～6 拍 1 点；7～8 拍 2 点

第三个八拍

动作说明	下肢	1～4 拍左脚侧交叉步；5～8 拍右脚 V 字步
	躯干与手臂	1 拍手互握；2 拍臂前举，手互握；3 拍臂侧举，花掌；4 拍还原；5～6 拍臂侧举；7 拍臂胸前交叉，手触肩；8 拍还原
	面向	1～8 拍 1 点

第四个八拍

动作说明	下肢	1～4 拍右脚侧交叉步；5～8 拍左脚 V 字步
	躯干与手臂	1 拍手互握；2 拍臂前举，手互握；3 拍臂侧举，花掌；4 拍还原；5～6 拍臂侧举；7 拍比胸前交叉，手触肩；8 拍还原
	面向	1～8 拍 1 点

第五至第八个八拍动作同第一至第四个八拍动作，但方向相反。

第三节（四个八拍）×2

第一个八拍

动作说明	下肢	1～4 拍右脚开始后退 4 步；5～6 拍向右转，右脚前弓步；7～8 拍左脚并于右脚
	躯干与手臂	1～4 拍击掌 4 次；5～6 拍两臂侧举；7～8 拍还原
	面向	1～4 拍 1 点；5～6 拍 4 点；7～8 拍 1 点

第二个八拍

动作说明	下肢	1～8 拍右脚开始 4 次侧并步
	躯干与手臂	1 拍两臂侧举；2 拍双手扶头；3 拍两臂侧上举，花掌；4 拍还原，5～8 拍动作同 1～4 拍
	面向	1～8 拍 1 点

第三个八拍

1　2　3　4　5　6　7　8

动作说明	下肢	1～2 拍右脚向右前并步跳；3～4 拍左脚向左前并步跳；5～8 拍动作同 1～4 拍
	躯干与手臂	1～2 拍两手击掌；3～4 拍动作同 1～2 拍，方向相反；5～8 拍动作同 1～4 拍
	面向	1～2 拍 2 点；3～4 拍 8 点；5～8 拍同 1～4 拍

第四个八拍

1　2　3　4　5~6　7~8

动作说明	下肢	1～4 拍右脚向右走弧线；5～6 拍右脚向右一步成开立半蹲；7～8 拍还原
	躯干与手臂	1～4 拍臂背于体后；5～6 拍右臂侧举，握拳；7～8 拍还原
	面向	1 拍 2 点；2 拍 5 拍；3 拍 7 点；4 拍 1 点；5～8 拍 1 点

第五至第八个八拍动作同第一至第四个八拍动作，但方向相反。

第四节（四个八拍）×2

第一个八拍

1　2　3　4　5　6　7　8

动作说明	下肢	1～3 拍向右侧并步跳；4 拍左脚后屈；5～6 拍左腿向右前交叉步；7～8 拍左脚后 1/2 漫步
	躯干与手臂	1 拍两臂侧举；2 拍两臂上举击掌；3 拍两臂侧举；4 拍还原；5～8 拍两手叉腰
	面向	1～4 拍 1 点；5 拍 2 点；6 拍 1 点；7～8 拍 8 点

第二个八拍

1　2　3　4　5　6　7　8

动作说明	下肢	1～3 拍向左侧并步跳；4 拍右腿后屈；5～6 拍右腿向左前交叉步；7～8 拍右脚后 1/2 漫步
	躯干与手臂	1 拍两臂侧举；2 拍两臂上举击掌；3 拍两臂侧举；4 拍还原；5～8 拍两手叉腰
	面向	1～4 拍 1 点；5 拍 8 点；6 拍 1 点；7～8 拍 2 点

第三个八拍

1　2　3　4　5　6　7　8

动作说明	下肢	1～4 拍右脚开始迈步后屈腿 2 次，同时转体；5～8 拍右脚开始并步 2 次
	躯干与手臂	1～2 拍两手击掌；3～8 拍动作同 1～2 拍
	面向	1 拍 1 点；2 拍 5 点；3 拍 5 点；4～8 拍 1 点

第四个八拍

1　2　3　4　5~6　7~8

动作说明	下肢	1 ~4 拍右脚漫步；5 ~6 拍右脚向右成侧弓步；7 ~8 拍左脚并于右脚
	躯干与手臂	1 ~4 拍两臂侧下举，握拳；5 ~6 拍右臂侧上举，左臂胸前平屈，花掌；7 ~8 拍还原
	面向	1 ~8 拍 1 点

第五至第八个八拍动作同第一至第四个八拍动作，但方向相反。

第五节（四个八拍）×2

第一个八拍

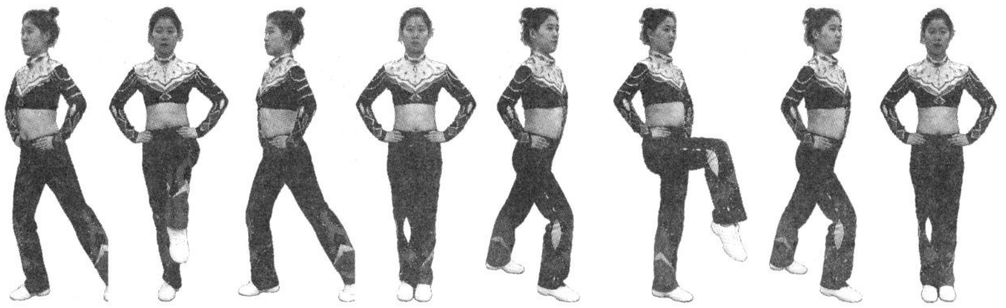

1　2　3　4　5　6　7　8

动作说明	下肢	1 ~4 拍右腿迈步吸腿；5 ~8 拍左腿迈步吸腿
	躯干与手臂	1 ~4 拍双手叉腰；5 ~8 拍动作同 1 ~4 拍
	面向	1 ~3 拍 2 点；4 拍 1 点；5 ~7 拍 8 点；8 拍 1 点

第二个八拍

1　2　3　4　5　6　7　8

动作说明	下肢	1 ~3 拍向右侧交叉步；4 拍双足跳；5 ~7 拍向左侧交叉步；8 拍双足跳
	躯干与手臂	1 拍臂侧举；2 拍臂体前交叉；3 拍臂侧举；4 拍双手击掌；5 ~8 拍动作同 1 ~4 拍，方向相反
	面向	1 ~3 拍 2 点；4 拍 1 点；5 ~7 拍 8 点；8 拍 1 点

第三个八拍

1~2　3~4　5~6　7~8

动作说明	下肢	1 ~ 8 拍左脚开始小马跳 4 次
	躯干与手臂	1 ~ 2 拍小臂胸前屈，两臂互绕环；3 ~ 4 拍击掌 3 次；5 ~ 8 拍动作同 1 ~ 4 拍
	面向	1 ~ 2 拍 8 点；3 ~ 4 拍 1 点；5 ~ 8 拍同 1 ~ 4 拍

第四个八拍

1~2　3　4　5~6　7　8

动作说明	下肢	1 ~ 2 拍左脚向侧并步跳；3 ~ 4 拍右脚向左后 1/2 漫步；5 ~ 8 拍动作同 1 ~ 4 拍，方向相反
	躯干与手臂	1 ~ 2 拍臂侧举；3 ~ 4 拍左臂前举，立掌，右手背于体后；5 ~ 8 拍动作同 1 ~ 4 拍，方向相反
	面向	1 ~ 2 拍 1 点；3 ~ 4 拍 2 点；5 ~ 6 拍 1 点；7 ~ 8 拍 8 点

第五至第八个八拍动作同第一至第四个八拍动作，但方向相反。

第六节（四个八拍）×2

第一个八拍

1　2　3　4　5　6　7　8

动作说明	下肢	1 ~ 2 拍左侧举腿跳；3 ~ 4 拍踏步；5 ~ 8 拍同 1 ~ 4 拍，方向相反
	躯干与手臂	1 ~ 2 拍两臂侧上举；3 ~ 4 拍手臂自然摆臂；5 ~ 8 拍动作同 1 ~ 4 拍
	面向	1 ~ 2 拍 1 点；3 ~ 4 拍 2 点；5 ~ 6 拍 1 点；7 ~ 8 拍 8 点

第二个八拍

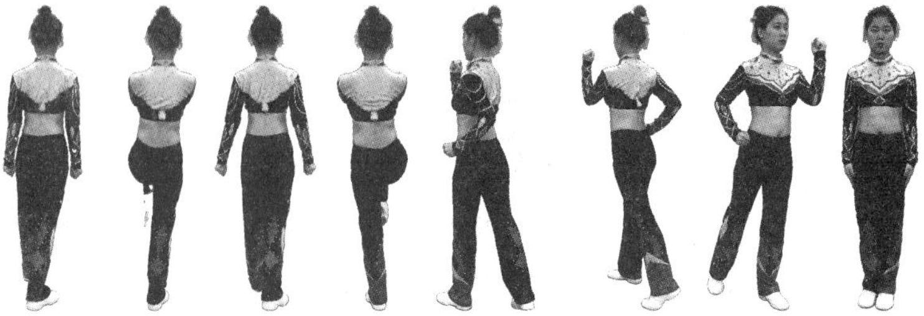

1　2　3　4　5　6　7　8

动作说明	下肢	1～2 拍右转右腿迈步吸腿跳；3～4 拍动作同 1～2 拍，方向相反；5～8 拍弧线走 4 步
	躯干与手臂	1～2 拍双手击掌；3～4 拍动作同 1～2 拍；5～8 拍手臂自然摆臂
	面向	1～4 拍 5 点；5～8 拍 6 点、7 点、8 点、1 点

第三个八拍

1 2 3 4 5 6 7 8

动作说明	下肢	1～8 拍右脚开始向侧 4 次恰恰步
	躯干与手臂	1～2 拍两臂自然摆动；3～8 拍动作同 1～2 拍
	面向	1～2 拍 2 点；3～4 拍 8 点；5～8 拍动作同 1～4 拍

第四个八拍

1~2 3~4 5 6 7 8

动作说明	下肢	1～2 拍右脚前弓步跳；3～4 拍还原；5～6 拍左脚弓步跳；7～8 拍右脚弓步跳
	躯干与手臂	1～4 拍臂侧下举；5 拍臂侧举；6 拍臂胸前交叉；7 拍臂侧上举，花掌；8 拍还原
	面向	1～8 拍 1 点

第五至第八个八拍动作同第一至第四个八拍动作，但方向相反。

第七节（四个八拍）×2

第一个八拍

1 2 3 4 5 6 7 8

动作说明	下肢	1～2 拍右腿后屈腿跳 2 次；3～4 拍左腿后屈腿跳 2 次；5～8 拍右腿开始 4 次后踢腿跑
	躯干与手臂	1～8 拍手臂背于体后
	面向	1～8 拍 1 点

第二个八拍

1 2 3 4 5 6 7 8

动作说明	下肢	1 拍右侧举腿跳；2 拍左腿后屈；3 拍动作同 1 拍；4 拍跳成并立；5～8 拍开合跳两次
	躯干与手臂	1 拍臂侧举，握拳；2 拍臂胸前平屈；3 拍动作同 1 拍；4 拍臂胸前交叉；5 拍臂侧上举；6 拍动作同 4 拍；7 拍臂侧下举；8 拍还原
	面向	1～8 拍 1 点

第三个八拍

1 2 3 4 5 6 7 8

动作说明	下肢	1～2 拍左腿后屈腿跳 2 次；3～4 拍右腿后屈腿跳 2 次；5～8 拍左腿开始 4 次后踢腿跑
	躯干与手臂	1～8 拍手臂背于体后
	面向	1～8 拍 1 点

第四个八拍

1 2 3 4 5 6 7 8

动作说明	下肢	1 拍左侧举腿跳；2 拍右腿后屈；3 拍动作同 1 拍；4 拍跳成并立；5 ~8 拍开合跳两次
	躯干与手臂	1 拍臂侧举，握拳；2 拍臂胸前平屈；3 拍动作同 1 拍；4 拍臂胸前交叉；5 拍臂侧上举；6 拍动作同 4 拍；7 拍臂侧下举；8 拍还原
	面向	1 ~8 拍 1 点

第五至第八个八拍动作同第一至第四个八拍动作，但方向相反。

第八节（四个八拍）×2

第一个八拍

1　2　3　4　5　6　7　8

动作说明	下肢	1 ~4 拍右脚开始踏步；5 ~6 拍右脚前点地；7 ~8 拍左脚前点地
	躯干与手臂	1 ~4 拍自然摆臂；5 ~6 拍两手击掌一次；7 ~8 拍动作同 5 ~6 拍
	面向	1 ~8 拍 1 点

第二个八拍

1　2　3　4　5　6　7　8

动作说明	下肢	1 ~4 拍右脚开始踏步；5 ~6 拍右脚前点地；7 ~8 拍左脚前点地
	躯干与手臂	1 ~4 拍自然摆臂；5 ~6 拍两手击掌一次；7 ~8 拍动作同 5 ~6 拍
	面向	1 ~8 拍 1 点

第三个八拍

1　2　3　4　5~6　7~8

动作说明	下肢	1～4 拍右脚开始踏步；5～6 拍右脚点地；7～8 拍还原
	躯干与手臂	1～4 拍自然摆臂；5～6 拍右臂侧上举，左臂侧下举；7～8 拍还原
	面向	1～4 拍 1 点；5～6 拍 8 点；7～8 拍 1 点

第四个八拍

1　2　3　4　5~6　7~8

动作说明	下肢	1～4 拍左脚开始漫步；5～6 拍左脚点地；7～8 拍还原
	躯干与手臂	1～4 拍自然摆臂；5～6 拍左臂侧上举，右臂侧下举；7～8 拍还原
	面向	1～4 拍 1 点；5～6 拍 2 点；7～8 拍 1 点

第五至第八个八拍动作同第一至第四个八拍动作，但方向相反。

第二节　健美操二级套路

预备姿势：直立

本套操动作变化多、难度较大，适合专选或有一定基础的健美操练习者。通过该操的学习，不仅可进一步提高身体机能，增进健康，而且将会进一步提高健美操的动作技术水平，为进行高难动作的学习和竞技健美操的学习打下基础。

第一节（四个八拍）×2

第一个八拍

1　2　3　4

5　6　7　8

动作说明	下肢	1～4 拍右脚开始走 4 步；5～8 拍右脚开始并步 2 次
	躯干与手臂	1～4 拍两臂经侧至侧上举，花掌；5 拍两臂侧举；6 拍右臂背于体后，左臂胸前屈；7 拍动作同 5 拍；8 拍臂上举交叉
	面向	1～8 拍 1 点

第二个八拍

1 2 3 4 5 6 7 7~7 8

动作说明	下肢	1 拍右脚向前一步；2 拍左腿前踢；3 拍开立半蹲；4 拍还原；5 拍左脚向左一步成弓步；6 拍还原；7 拍右脚向侧一步成开立；8 拍还原
	躯干与手臂	1～2 拍臂胸前屈，拳心向下；3 拍臂侧下举，掌心向前，开掌；4 拍还原，5 拍臂头后屈；6 拍还原，7～8 拍右左依次向上、下提肩三次
	面向	1～2 拍 2 点；3～4 拍 1 点；5 拍 7 点；6～8 拍 1 点

第三个八拍

1 2 3 4 5 6 7 8

动作说明	下肢	1～4 拍右脚开始 1 次一字步；5～8 拍右脚开始 1 次 V 字步
	躯干与手臂	1～2 拍臂胸前屈；3～4 拍句还原；5 拍臂经胸前至上举，合掌；6 拍臂侧举；7 拍右臂背于体后，左手扶头；8 拍还原
	面向	1～8 拍 1 点

第四个八拍

1 2 3 4 5 5~5 6 7~8

动作说明	下肢	1～4 拍右、左脚侧点地各 1 次；5～6 拍右腿向侧成开立半蹲，向右移重心，至左腿屈膝点地；7～8 拍右腿直立，左腿屈膝脚尖点地
	躯干与手臂	1 拍右臂前冲拳，左臂至腰际；2 拍两臂至腰际；3～4 拍动作同 1～2 拍，方向相反；5～6 拍上体前屈，手扶腰，肩波浪；7～8 拍击掌三次
	面向	1 拍 8 点；2 拍 1 点；3 拍 2 点；4 拍 1 点；5～6 拍 1 点；7～8 拍 2 点

第五至第八个八拍动作同第一至第四个八拍动作，但方向相反。

第二节（四个八拍）×2

第一个八拍

1 2 3 4 5 6 7 8

动作说明	下肢	1～4 拍向右侧交叉步；5～8 拍右腿开始迈步后屈腿 2 次
	躯干与手臂	1 拍手胸前互握；2 拍手互握前举；3 拍臂侧举，花掌；4 拍还原；5～6 拍两臂前举绕小五花；7 拍臂胸前平屈，握拳；8 拍还原
	面向	1～8 拍 1 点

第二个八拍

1 2 3 4 5 6 7 8

动作说明	下肢	1～4 拍右脚漫步；5～8 拍右脚 V 字步，转体
	躯干与手臂	1～4 拍自然摆臂；5～6 拍左、右臂依次上举；7～8 拍臂侧下举，还原
	面向	1～6 拍 1 点；7～8 拍 5 点

第三个八拍

1~2　3　4　5　6　7　8

动作说明	下肢	1～2 拍右脚前并步跳；3～4 拍左脚漫步转体；5～8 拍左、右脚并步各 1 次
	躯干与手臂	1～2 拍臂侧举；3～4 拍自然摆臂；5 拍臂侧举；6 拍右臂胸前屈，左臂背于体后；7～8 拍动作同 5～6 拍，方向相反
	面向	1～3 拍 5 点；4～8 拍 1 点

第四个八拍

1　2　3~4　5~6　7~8

动作说明	下肢	1～2 拍向左转体 360 度；3～4 拍左腿向侧一步成右脚后点地立；5～6 拍两腿屈膝；7～8 拍前后开立
	躯干与手臂	1～2 拍自然摆臂；3～4 拍两臂经下成上举；5～6 拍上体前屈，两臂自然下垂；7～8 拍双手扶髋
	面向	1～2 拍转体 360 度；3～4 拍 8 点；5～8 拍 8 点

第五至第八个八拍动作同第一至第四个八拍动作，但方向相反。

第三节（四个八拍）×2

第一个八拍

1~2　3　4　5~6　7　8

动作说明	下肢	1～2拍右脚侧并步；3～4拍左脚后1/2漫步；5～8拍动作同1～4拍，方向相反
	躯干与手臂	1～2拍两臂胸前交叉，花掌；3～4拍右臂侧下举，左臂侧上举；5～8拍动作同1～4拍，方向相反
	面向	1～2拍2点；3～4拍7点；5～6拍8点；7～8拍3点

第二个八拍

1　2　3　4　5　6　7~8

动作说明	下肢	1～4拍右腿迈步后屈腿两次，同时转体360度；5拍右脚向前搓步；6拍向前走1步；7～8拍右脚在前提踵立
	躯干与手臂	1～4拍双手叉腰；5～6拍右臂前举，立掌，左手叉腰；7～8拍右臂侧举，立掌
	面向	1拍3点；2拍5点；3拍7点；4～7拍8点；8拍1点

第三个八拍

1　2　3　4　5　6　7　8

动作说明	下肢	1～2拍右腿上步，左举腿跳；3～4拍左脚向前一步，右脚向左脚并拢同时转体；5～6拍右后举腿跳；7～8拍右脚向前一步与左脚并拢
	躯干与手臂	1～2拍右臂侧上举，左臂侧下举；3～4拍右臂胸前屈；5～6拍右臂前举，左臂侧举；7～8拍两臂自然摆动
	面向	1拍1点；2～3拍2点；4拍8点；5～7拍7点；8拍1点

第四个八拍

1　2　3　4　5~6　7~8

动作说明		
	下肢	1～2 拍右脚迈步吸腿；3～4 拍左、右摆髋跳；5～6 拍开立；7～8 拍还原
	躯干与手臂	1 拍右手叉腰，左臂前举，立掌；2 拍左臂侧举；3～4 拍双手互握，左、右摆动；5～6 拍体前屈，右臂前举左臂后举；7～8 拍还原
	面向	1 拍 2 点；2～8 拍 1 点

第五至第八个八拍动作同第一至第四个八拍动作，但方向相反。

第四节（四个八拍）×2

第一个八拍

1　2　3　4　5　6　7~8

动作说明		
	下肢	1 拍右脚弹踢；2 拍两腿依次成左弓步；3～4 拍开合跳；5～6 拍右脚上步吸腿；7～8 拍左转成左腿弓步
	躯干与手臂	1 拍击掌；2 拍还原；3 拍臂侧上举；4 拍还原；5 拍右臂侧上举；6 拍右臂胸前屈；7～8 拍右臂侧上举，立掌
	面向	1～4 拍 1 点；5～6 拍 2 点；7～8 拍 7 点

第二个八拍

1　2　3　4　5　6　7　8

动作说明		
	下肢	1～4 拍右脚漫步；5～7 拍向右转体 360 度；8 拍吸左腿
	躯干与手臂	1～4 拍臂下举；5～6 拍自然摆臂；7 拍两臂侧举；8 拍上体前屈，双手抱膝
	面向	1～4 拍 7 点；5～6 拍转体 360 度；7 拍 1 点；8 拍 3 点

第三个八拍

1　2~3　4　5　6　7　8

动作说明	下肢	1 拍左脚前举；2 ~3 拍左脚前并腿跳；4 ~5 拍右脚迈步后屈腿；6 ~7 拍后退两步；8 拍左腿吸腿跳
	躯干与手臂	1 ~3 拍臂侧举；4 拍臂前举；5 ~7 拍自然摆臂；8 拍击掌
	面向	1 ~3 拍 1 点；4 ~6 点 7 点；7 ~8 拍 1 点

第四个八拍

1　2　3~4　5　6　7　8

动作说明	下肢	1 ~2 拍左脚漫步转体；3 ~4 拍哦左脚前并步；5 ~6 拍右脚上步吸腿转体；7 拍左臂侧上举，右臂侧下举；8 拍还原
	躯干与手臂	1 ~2 拍自然摆臂；3 ~4 拍臂侧举；5 ~6 拍臂体前交叉；7 拍左臂侧上举，右臂侧下举；8 拍还原
	面向	1 拍 1 点；2 ~5 拍 5 点；6 ~8 拍 1 点

第五至第八个八拍动作同第一至第四个八拍动作，但方向相反。

第五节（四个八拍）×2

第一个八拍

1　2　3　4　5　6　7　8

动作说明	下肢	1 ~4 拍右腿开始后踢腿跑四次；5 拍跳成开立；6 拍左脚在前锁步；7 ~8 拍右踢腿跳
	躯干与手臂	1 拍臂侧上举，花掌；2 拍臂体前交叉；3 拍臂经侧绕至上举，击掌；4 拍臂胸前屈；5 拍臂侧下举，握拳；6 拍臂上举交叉；7 拍动作同 5 拍；8 拍还原
	面向	1 ~8 拍 1 点

第二个八拍

1　2　3　4　5　6　7　8

动作说明	下肢	1 ~ 4 拍左、右各 1 次恰恰步；5 拍右举腿跳；6 ~ 8 拍臂还原
	躯干与手臂	1 ~ 4 拍手背于体后；5 拍右臂侧举，花掌；6 ~ 8 拍臂还原
	面向	1 ~ 2 拍 8 点；3 ~ 4 拍 2 点；5 拍 7 点；6 ~ 8 拍 5 点、3 点、1 点

第三个八拍

1　2　3　4　5　6　7　8

动作说明	下肢	1 ~ 4 拍右腿连续吸腿跳两次；5 拍左吸腿跳；6 拍左弓步跳；7 拍转体右吸腿跳；8 拍还原
	躯干与手臂	1 拍臂胸前屈，握拳；2 拍臂下举；3 拍臂胸前平屈；4 拍还原；5 拍臂上举，手腕相橱，掌心向外；6 拍臂侧下举，立掌；7 拍左臂侧举，花掌；8 拍还原
	面向	1 ~ 6 拍 1 点；7 ~ 8 拍 3 点

第四个八拍

1　2　3　4　5　6　7　8

动作说明	下肢	1 ~ 4 拍右、左弓步跳各 1 次；5 ~ 8 拍右、左大踢腿跳各 1 次
	躯干与手臂	1 拍左臂前举，右臂侧举；2 拍还原；3 拍双手扶头；4 ~ 8 拍臂侧下举
	面向	1 拍 3 点；2 ~ 8 拍 1 点

第五至第八个八拍动作同第一至第四个八拍动作，但方向相反。

第六节（四个八拍）×2

第一个八拍

1 2 3 4 5 6 7 8

动作说明	下肢	1～4 拍右脚开始踏步 4 次；5～6 拍右脚前点地一次；7～8 拍动作同 5～6 拍，方向相反
	躯干与手臂	1～4 拍自然摆臂；5～6 拍击掌一次；7～8 拍动作同 5～6 拍
	面向	1～8 拍 1 点

第二个八拍

1 2 3 4 5 6 7 8

动作说明	下肢	1～4 拍右脚开始踏步 4 次；5～6 拍右脚前点地一次；7～8 拍动作同 5～6 拍，方向相反
	躯干与手臂	1～4 拍自然摆臂；5～6 拍击掌一次；7～8 拍动作同 5～6 拍
	面向	1～8 拍 1 点

第三个八拍

1 2 3 4 5~6 7~8

动作说明	下肢	1～4 拍右脚开始踏步 4 次；5～6 拍右脚点地；7～8 拍还原
	躯干与手臂	1～4 拍自然摆臂；5～6 拍左臂侧上举，右臂侧下举；7～8 拍还原
	面向	1～4 拍 1 点；5～8 拍 8 点

第四个八拍

1 2 3 4 5~6 7~8

动作说明	下肢	1 ~4 拍左脚开始踏步 4 次；5 ~6 拍左脚点地；7 ~8 拍还原
	躯干与手臂	1 ~4 拍自然摆臂；5 ~6 拍右臂侧上举，左臂侧下举；7 ~8 拍还原
	面向	1 ~4 拍 1 点；5 ~8 拍 2 点

第五至第八个八拍动作同第一至第四个八拍动作，但方向相反。

第三节　健美操三级套路（拉丁操）

拉丁健美操是将拉丁舞的基本舞步和健美操动作科学、巧妙地组合创编而成的一种新颖的健美操。它将伦巴、桑巴、斗牛、牛仔、恰恰等拉丁舞的动作风格融入到健美操当中。其动作注重腰髋的扭动，动作活泼、优美，刚柔相济、热情奔放，具有浓郁的异国情调。

本套操共 4 节，前 3 节为单人动作，第 4 节为双人配合动作，在动作形式上更加多样化，突出了拉丁舞蹈的双人配合特点，可以增加练习者之间的交流。

第一节（4 个八拍）×2

预备姿势：直立

第一个八拍

1 2 3 4 5~6 7 8

动作说明	下肢	1～4 拍右、左恰恰步各一次；5～8 拍右脚漫步一次
	躯干与手臂	1～4 拍两臂自然摆臂；5～6 拍两臂侧上举；7～8 拍两臂侧下举
	面向	1～8 拍 1 点

第二个八拍

1~2　3　4　5　6　7　8

动作说明	下肢	1～2 拍右脚向前一步；3～4 拍左脚漫步转体 360 度；5～6 拍左右摆髋跳各一次；7～8 拍左脚恰恰步
	躯干与手臂	1～2 拍两臂侧举；3～8 拍两臂自然摆臂
	面向	1～2 拍 1 点；3 拍 5 点；4～8 拍 1 点

第三个八拍

1~2　3~4　5　5~5

6　7　7~7　8

动作说明	下肢	1～4 拍左、右点地立各一次；5～6 拍迈右脚依次成右弓步；7～8 拍动作同 5～6 拍
	躯干与手臂	1～2 拍右臂上举，左手扶髋；3～4 拍动作同 1～2 拍，方向相反；5～6 拍两臂侧举；7～8 拍右臂侧举、左手绕至侧举
	面向	1～2 拍 8 点；3～4 拍 2 点；5～8 拍 1 点

第四个八拍

1　2　3　4　5　6　7　8

动作说明	下肢	1～3 拍转体右脚开始向前走三步；4 拍左脚点地立；5～8 拍转体成左脚在前的开立，屈膝
	躯干与手臂	1～3 拍两臂自然摆动；4 拍两臂上举；5～6 拍两臂侧下举握拳；7～8 拍右左依次提肩三次
	面向	1～4 拍 5 点；5～8 拍 1 点

第五至第八个八拍动作同第一至第四个八拍动作，但方向相反。

第二节（4 个八拍）×2

第一个八拍

1　2　3　4　5　6　7　8

动作说明	下肢	1～2 拍右脚前 1/2 漫步；3～4 拍右、左脚依次落地成右弓步；5～6 拍左脚前、后各点地一次；7 拍左脚并于右脚；8 拍右、左脚依次落地成左弓步
	躯干与手臂	1～2 拍两臂自然摆臂；3～4 拍左臂前举、右臂侧举；5 拍两臂自然摆臂；6～7 拍上体前倒；8 拍右臂前举，左臂侧举
	面向	1～2 拍 8 点；3～7 拍 2 点；8 拍 8 点

第二个八拍

1　2　3　4　5　6　7　8

动作说明	下肢	1～2 拍右腿开始向前走两步；3 右腿前举；4 拍右腿吸腿；5～6 拍向右转体 360 度；7 拍开立，8 拍半蹲
	躯干与手臂	1～2 拍两臂自然摆臂；3 拍臂侧举；4 拍双手抱肩；5～6 拍两臂自然摆臂；7 拍臂上举；8 拍两臂侧下举，上体右转
	面向	1～4 拍 8 点；5～6 拍转体 360 度；7 拍 7 点；8 拍 1 点

第三个八拍

动作说明	下肢	1～2 拍开立半蹲；3～4 拍左脚开始走两步；5 拍左脚向前一步；6 拍左腿后屈举腿；7 拍左脚向前一步；8 拍右腿屈膝点地
	躯干与手臂	1 拍左臂扶髋、右臂上举；2 拍双手扶髋；3～5 拍两臂自然摆臂；6 拍左臂前下举，右臂侧上举；7～8 拍两臂向后绕至体侧
	面向	1 拍 5 拍；2 拍 1 点；3～5 拍 7 点；6～7 拍 3 点；8 拍 2 点

第四个八拍

动作说明	下肢	1～2 拍右脚前并步一次；3～4 拍左脚迈步吸腿；5～6 拍向前走两步转体成左脚侧点地立；7～8 拍并立屈膝
	躯干与手臂	1～2 拍小臂绕环同时躯干小波浪；3～4 拍右手扶髋、左臂前举；5～6 拍右臂上举，左手扶腹部；7～8 拍双手经后至体前
	面向	1～2 拍 2 点；3～4 拍 7 点，5～8 拍 1 点

第五至第八个八拍动作同第一至第四个八拍动作，但方向相反。

第三节（4 个八拍）×2

第一个八拍

动作说明	下肢	1～4 拍右脚 V 字步转体 360 度；5～6 拍右脚 1/2 漫步；7～8 拍右脚恰恰步一次
	躯干与手臂	1～8 拍两臂自然摆臂
	面向	1～2 拍 1 点；3 拍 5 点；4 拍 1 点；5～6 拍 3 点；7～8 拍 2 点

第二个八拍

1　2　3　4　5　6　7　8

动作说明	下肢	1～2 拍迈左脚，右脚后点地；3～4 拍动作同 1～2 拍，方向相反；5～7 拍沃达斯步；8 拍左腿侧举腿
	躯干与手臂	1 拍两臂侧上举；2 拍左臂后下举；3～4 拍动作同 1～2 拍，方向相反；5～7 拍臂侧举；8 拍两臂向右绕至右臂上举，左臂侧上举
	面向	1～8 拍 1 点

第三个八拍

1　2　3~4　5　6　7　8

动作说明	下肢	1～2 拍左脚开始走两步；3～4 拍向左转体 360 度；5 拍吸左腿；6 拍左脚前迈一步；7～8 拍右脚并于左脚同时转体 180 度，右腿屈膝点地
	躯干与手臂	1～2 拍自然摆臂；3～5 拍上举；6 拍右臂上举，左臂向前绕；7～8 拍击掌三次
	面向	1～2 拍 2 点；3～4 拍转体 360 度；5～6 拍 3 点；7～8 拍 8 点

第四个八拍

1　2　3　4　5　6　7　8

动作说明	下肢	1～4 拍右、左向后吸腿摇摆跳各一次；5～6 拍向右转体 360 度；7～8 拍双腿屈膝开立左脚点地
	躯干与手臂	1～4 拍两臂自然摆臂；5～6 拍双手扶头；7～8 拍左臂前举右手叉腰
	面向	1～4 拍 1 点；5～6 拍转体 360 度；7～8 拍 1 点

第五至第八个八拍动作同第一至第四个八拍动作，但方向相反。

第四节（4 个八拍）×2

双人配合（女为甲，男为乙）

第一个八拍

1　2　3　4

5　6　7　8

动作说明	下肢	甲 1～2 拍右脚向前桑巴步；3～4 拍左脚向前桑巴步；5～6 拍右脚向左前桑巴步同时转体；7～8 拍左脚向右前桑巴步同时转体 乙 1～2 拍左脚向前桑巴步；3～4 拍右脚右前方桑巴步；5～6 拍左脚向右前方桑巴步；7～8 拍右脚向左前桑巴步
	躯干与手臂	1～2 拍内侧手互扶腰部，外侧手侧举；3～8 拍内侧手互握，外侧手侧上举

第二个八拍

1　2　3　4

5　6　7　8

动作说明	下肢	甲 1 ~6 拍右、左脚各一次漫步；7 ~8 拍左腿后屈 乙 1 ~6 拍右、左脚各一次漫步；7 ~8 拍左腿后屈
	躯干与手臂	甲 1 ~2 拍右臂前举，左臂侧上举；3 拍手臂还原；4 ~5 拍左臂前举、右臂侧上举；6 拍还原；7 ~8 拍右臂绕至体侧屈，握拳 乙 1 ~8 拍动作同甲

第三个八拍

1 2 3 4

5 6 7 8

动作说明	下肢	甲 1 ~2 拍左脚恰恰步；3 ~4 拍右脚后点地立；5 拍右腿后弓步；6 拍移重心至看开立半蹲；7 ~8 拍左腿后弓步 乙 1 ~8 拍动作同甲
	躯干与手臂	甲 1 ~2 拍两臂自然摆臂；3 ~4 拍双手扶头；5 ~6 拍上体随重心而转动，两臂下举、立掌 乙 1 ~8 拍动作同甲

第四个八拍

1 2 3 4

5 6 7 8

动作说明	下肢	甲 1 ~2 拍右脚前漫步；3 ~7 拍垫步转体 360 度；8 拍提踵立 乙 1 ~8 拍动作同甲
	躯干与手臂	甲 1 ~2 拍两臂自然摆臂；3 ~7 拍右臂侧下举，左臂侧上举；8 拍两臂上举 乙 1 ~8 拍动作同甲

第五至第八个八拍动作同第一至第四个八拍动作。两人换位。

	下肢	甲向右转，两腿屈成左脚后点地 乙向右转，左脚后点地立
明	躯干与手臂	甲两臂侧举 乙两臂侧上举

造型

第四节　健美操四级套路（搏击操）

搏击健美操也称跆搏，是在有氧健美操的基础上融入了拳击、跆拳道等搏击运动的基本内容。其动作灵活、有力、动感。搏击健美操在节奏清晰、动感十足的音乐伴奏下，通过整齐有力的手臂、躯干、步法、腿法及综合练习动作使激情得到充分释放，并在科学、安全的基础上，达到增进健康、娱乐身心的目的。

本套操共 4 节，前 3 节为单人动作，第 4 节为双人配合动作，体现了搏击运动的对抗性特点，更增强了该操的宏伟气势。

预备姿势：双腿并立、两臂胸前屈，握拳。

第一节（4 个八拍）×2

第一个八拍

1　2　3　4　5~6　7　8

动作说明	下肢	1 ~4 拍右脚向侧一步成开立；5 ~6 拍向右侧并步跳；7 拍吸左腿；8 拍左脚落地
	躯干与身体	1 拍右臂直拳；2 拍还原；3 ~4 拍动作同 1 ~2 拍，方向相反；5 ~6 拍臂胸前屈，7 ~8 左臂侧下举
	面向	1 ~6 拍 1 点；7 ~8 拍 2 点

第二个八拍

1　2　3　4　5　6　7　8

动作说明	下肢	1 ~4 拍右脚 box 步；5 ~8 拍右脚右迈一步成开立
	躯干与身体	1 ~4 拍胸前屈；5 ~6 拍右臂直拳一次；7 ~8 拍左臂直拳一次
	面向	1 ~8 拍 1 点

第三个八拍

1　2　3　4　5~6　7~8

动作说明	下肢	1 ~2 拍吸左腿；3 ~4 拍右脚前踢；5 ~6 拍左侧并步跳；7 ~8 拍开立
	躯干与身体	1 ~4 拍两臂侧下举；5 ~6 拍两胸前屈；7 ~8 拍右臂摆拳
	面向	1 ~4 拍 1 点；5 ~6 拍 1 点；7 ~8 拍 7 点

第四个八拍

1　2　3　4　5~6　7~8

动作说明	下肢	1～4 拍右脚 box 步；5～6 拍右腿侧踹，7～8 拍还原
	躯干与身体	1～4 拍两臂胸前屈；5～6 拍右臂侧下举；7～8 拍两臂贴体侧
	面向	1～2 拍 7 点；3～8 拍 1 点

第五至第八个八拍动作同第一至第四个八拍动作，但方向相反。

第二节（4 个八拍）×2

第一个八拍

1 2 3 4 5 6 7 8

动作说明	下肢	1～4 拍右脚漫步一次；5～6 拍吸右腿；7～8 拍左腿前踢
	躯干与身体	1～2 拍右臂直拳一次；3～4 拍左臂直拳一次；5 拍两臂胸前屈；6～8 拍侧下举
	面向	1～4 拍 8 点；5～6 拍 1 点；7～8 拍 7 点

第二个八拍

1 2 3 4 5 6 7 8

动作说明	下肢	1～2 拍左转 90 度右脚前并步；3～4 拍转体右腿后退并步；5～8 拍右脚一字步
	躯干与身体	1～4 拍右、左各直拳一次；5～6 拍两臂绕至胸前屈；7～8 拍还原
	面向	1～2 拍 5 点；3～8 拍 1 点

第三个八拍

1 2 3 4 5 6 7 8

动作说明	下肢	1 ~3 拍跳成开立；4 拍还原，5 ~6 拍左侧举腿跳；7 拍右腿弓步；8 拍还原
	躯干与身体	1 ~3 拍右、左交替冲拳三次；4 拍两臂体侧；5 拍臂侧上举、花掌；6 拍还原；7 拍左臂前下冲拳、右臂胸前屈；8 拍还原
	面向	1 ~6 拍 1 点；7 拍 3 点；8 拍 1 点

第四个八拍

1~2　　3　　4　　5~6　　7~8

动作说明	下肢	1 ~2 拍左侧并步跳；3 ~4 拍向左转体 360 度；5 ~6 拍开立；7 ~8 拍还原
	躯干与身体	1 ~2 拍左臂直拳两次；3 ~4 拍还原；5 ~6 拍左臂侧劈；7 ~8 拍胸前屈
	面向	1 ~2 拍 1 点；3 ~4 拍转体；5 ~8 拍 1 点

第五至第八个八拍动作同第一至第四个八拍动作，但方向相反。

第三节（4 个八拍）×2

第一个八拍

1~2　　3~4　　5　　6　　7~8

动作说明	下肢	1 ~2 拍小跳两次；3 ~4 拍小跳两次转体 180 度；5 拍小跳一次同时转体 180 度；6 拍同 5 拍；7 ~8 拍动作同 1 ~2 拍
	躯干与身体	1 ~8 拍胸前屈
	面向	1 ~2 拍 7 点；3 ~4 拍 3 点；5 拍 7 点；6 拍 3 点；7 ~8 拍 7 点

第二个八拍

动作说明	下肢	1 ~2 拍右脚后退一步；3 拍右腿弓步；4 拍左脚点地；5 ~6 拍开立半蹲；7 ~8 拍移重心至右脚点地
	躯干与身体	1 拍臂上举；2 拍还原；3 拍左臂前下冲拳；4 拍左臂侧下举、右臂胸前屈；5 ~8 拍臂侧下举
	面向	1 ~2 拍 1 点；3 拍 3 点；4 ~5 拍 2 点；6 ~8 拍 8 点

第三个八拍

动作说明	下肢	1 ~4 拍右脚并步跳；5 ~8 拍左脚并步跳
	躯干与身体	1 ~4 拍两臂侧绕至胸前屈；5 ~8 拍动作同 1 ~4 拍
	面向	1 ~3 拍 2 拍；4 拍 1 点；5 ~7 拍 8 点；8 拍 1 点

第四个八拍

动作说明	下肢	1～3 拍开立半蹲；4 拍并立；5～6 拍左脚上步吸腿跳；7～8 拍左脚后点地立
	躯干与身体	1～3 拍两臂依次屈伸三次；4 拍臂上举、手互握；5～6 拍臂侧下举；7～8 拍左臂前下举，右臂胸前屈
	面向	1～8 拍 1 点

第五至第八个八拍动作同第一至第四个八拍动作，但方向相反。

第四节（4 个八拍）×2

（双人配合，男为甲，女为乙）

第一个八拍

动作说明	下肢	甲 1～8 拍后退 乙 1～6 拍前进；7 拍吸右腿；8 拍右脚落地
	躯干与身体	甲 1～6 拍防守、挡拳；7 拍挡腿；8 拍还原 乙 1～6 拍左、右交替冲拳、进攻；7～8 拍两臂胸前屈

第二个八拍

动作说明	下肢	甲 1 ~6 拍前进；7 拍吸右腿；8 拍脚落地 乙 1 ~8 拍后退
	躯干与身体	甲 1 ~6 拍左、右交替冲拳、进攻；7 ~8 拍两臂胸前屈 乙 1 ~6 拍防守、挡拳；7 拍挡腿；8 拍还原

第三个八拍

1~2　3~4　5~6　7　8

动作说明	下肢	甲 1 ~2 拍开立下蹲，低头；3 ~4 拍左脚后点地立；5 ~6 拍向右侧并步跳；7 ~8 拍开立 乙 1 ~2 拍左脚后点地立；3 ~4 拍开立下蹲，低头；5 ~6 拍向右侧并步跳；7 ~8 拍开立
	躯干与身体	甲 1 ~2 拍两臂胸前屈；3 ~4 拍小臂互绕环；5 ~6 拍两臂胸前屈；7 ~8 拍右臂冲拳一次

第四个八拍

1~2　3~4　5　6　7~8

动作说明	下肢	甲 1 ~2 拍右腿后屈小跳两次；3 ~4 拍左腿后屈小跳两次；5 拍右腿后屈腿跳同时转体；6 拍成弓步；7 ~8 拍向左转体 180 度
	躯干与身体	乙 1 ~2 拍右腿后屈小跳两次；3 ~4 拍左腿后屈小跳两次；5 拍右腿后屈腿跳同时转体；6 拍右弓步；7 ~8 拍向左转体 180 度

第五至第八个八拍动作同第一至第四个八拍动作，但方向相反。

第五节　健美操五级套路（舞蹈健美操）

舞蹈健美操中采用了现代舞、爵士舞和其他代表性舞蹈中的动作，将舞蹈动作健美操化，使整套操动作优美、流畅，锻炼时能达到愉悦身心，提高人的创造、想象、表现和艺术修养等综合能力，具有健身、健心、健形体的多重功效。

第一节（四个八拍）×2

预备姿势：直立

第一个八拍

1　2　3　4　5　6　7　8

动作说明	下肢	1～2拍右脚开始向前两步；3～4拍摆髋跳两次；5拍并立；6拍右脚上步；7～8拍吸左腿转体
	躯干与身体	1～4拍两臂自然摆臂；5～6拍两臂上举；7～8拍两臂扶髋
	面向	1～4拍1点；5～6拍7点；7～8拍2点

第二个八拍

1　2　3　4　5　6　7　8

动作说明	下肢	1～4拍右脚开始两次并步；5～8拍右左各一次恰恰步
	躯干与身体	1～2拍两臂侧上举，掌心向外；3～4拍动作同1～2拍方向相反；5～8拍手臂自然摆动
	面向	1～2拍3点；3～4拍7点；5～6拍2点；7～8拍8点

第三个八拍

1 2 3 4 5 6 7 8

动作说明	下肢	1 ~4 拍右脚漫步转体；5 ~6 拍右脚上步吸腿转体；7 ~8 拍左脚落地一次成左弓步
	躯干与身体	1 ~2 拍两臂前上举小五花；3 ~4 拍左臂前下，右臂侧上举；5 ~6 拍还原；7 拍臂前举立掌；8 拍两臂侧下举，握拳
	面向	1 ~2 拍 8 点；3 ~4 拍 2 点；5 ~8 拍 7 点

第四个八拍

1 2 3 4 5 6 7 8

动作说明	下肢	1 拍跳起侧举腿；2 ~3 拍走两步；4 ~5 拍左腿恰恰步；6 拍右腿小跳；7 ~8 拍上步转体
	躯干与身体	1 拍左臂侧举，右臂上举；2 ~3 拍右臂向内绕至下举；4 ~8 拍臂自然摆动
	面向	1 ~2 拍 1 点；3 ~4 拍 4 点；5 ~7 拍 5 点，8 拍 1 点

第五至第八个八拍动作同第一至第四个八拍动作，但方向相反。

第二节（四个八拍）×2

第一个八拍

1 2 3 4 5 6 7 8

动作说明	下肢	1～2 拍右脚开始上步成开立；3～4 拍右脚向前一步；5～6 拍右脚前 1/2 漫步；7～8 拍向右转体 360 度
	躯干与身体	1～2 拍左臂开始依次前举交叉，掌心向下；3～4 拍左臂上举，右臂侧举后振；5～6 拍两臂自然摆动；7～8 拍右臂绕头
	面向	1～4 拍 1 点；5～6 拍 8 点；7～8 拍转体 360 度

第二个八拍

1　2　3　4　5　6　7　8

动作说明	下肢	1～2 拍右脚开始后退 3 步成右弓步；3～4 拍动作同 1～2 拍方向相反；5～6 拍右脚前点、后点；7 拍右脚并于左脚；8 拍转体右腿前举
	躯干与身体	1～2 拍左臂前举，右臂侧举；3～4 拍前举，左臂侧举；5～6 拍两臂自然摆动；7～8 拍右臂侧举左臂胸前屈，开掌
	面向	1～2 拍 2 点；3～7 拍 8 点；8 拍 2 点

第三个八拍

1　2　3　4　5　6　7　8

动作说明	下肢	1～2 拍向前两步；3～4 拍转体 360 度；5～6 拍左腿上步吸腿；7～8 拍右腿上步转体成右弓步
	躯干与身体	1～2 拍臂自然摆动；3～4 拍两臂上举；5～6 拍双手扶髋；7～8 拍两臂置于体侧
	面向	1～2 拍 2 点；3～4 拍转体 360 度；5～6 拍 7 点；7～8 拍 1 点

第四个八拍

1　2　3　4　5　6　7　8

动作说明	下肢	1～2 拍吸左腿；3～4 拍向前走两步；5～6 拍转体 90 度右脚后点地立；7～8 拍转体 180 度成左脚后点地立
	躯干与身体	1～2 拍右臂前上举，左臂后下举；3～4 拍臂自然摆动；5～6 拍右臂前上举，左臂侧下举；7～8 拍两臂还原，头经下右绕
	面向	1～4 拍 3 点；5～6 拍 5 点；7～8 拍 1 点

第五至第八个八拍动作同第一至第四个八拍动作，但方向相反。

第三节（四个八拍）×2

第一个八拍

1 2 3 4 5 6 7 8

动作说明	下肢	1～2 拍右腿向前一步同时弹动；3～4 拍动作同 1～2 拍；5 拍左腿后屈小跳；6～8 拍左脚落地转体 360 度
	躯干与身体	1～4 拍两臂置于体侧；5 拍两手上举重叠；6～8 拍两臂置于体侧
	面向	1～5 拍 1 点；6～7 拍转体 360 度；8 拍 1 点

第二个八拍

1 2 3~4 5 6 7~8

动作说明	下肢	1～2 拍右脚向右并步跳；3～4 拍左腿前举；5～8 拍动作同 1～4 拍，方向相反
	躯干与身体	1～2 拍两臂上举；3～4 拍上体稍后倒，右臂前举，左臂侧举，5～8 拍动作同 1～4 拍，方向相反
	面向	1～2 拍 1 点；3～4 拍 7 点；5～6 拍 1 点；7～8 拍 3 点

第三个八拍

1 2 3 4 5 6 7 8

动作说明	下肢	1 拍右腿在前成前后开立屈膝；2 拍转体右腿后举；3 ~4 拍右腿前 1/2 漫步；5 拍右腿前举；6 ~7 拍右腿开始向前走两步；8 拍右腿弓步
	躯干与身体	1 拍上体前倒；2 拍身体左转 180 度，两臂侧上举；3 ~4 拍两臂自然摆动；5 ~6 拍身体右转 180 度，两臂侧上举；6 ~8 拍两臂自然摆动
	面向	1 拍 2 点；2 ~4 拍 7 点；5 ~7 拍 3 点；8 拍 5 点

第四个八拍

1 2 3 4 5 6 7 8

动作说明	下肢	1 拍左腿弓步；2 拍转体 180 度右腿弓步；3 ~4 拍吸右腿；5 ~6 拍右腿开始向前走两步；7 ~8 拍向右转体 360 度
	躯干与身体	1 拍两臂前举；2 拍身体右转 180 度，两臂自然摆臂；3 ~4 拍左臂侧上举，右臂侧下举；5 ~8 拍两臂自然摆动
	面向	1 拍 1 点；2 拍 5 点；3 ~4 拍 1 点；5 ~6 拍 7 点；7 ~8 拍转体 360 度

第五至第八个八拍动作同第一至第四个八拍动作，但方向相反。

第四节（四个八拍）×2

第一个八拍

1~2 3~4 5 6 7 8

动作说明	下肢	1 ~2 拍右腿向后并步；3 ~4 拍左腿向后并步；5 ~8 拍右腿开始上两步转体 360 度
	躯干与身体	1 ~2 拍身体右转，两臂置于体侧；3 ~4 拍动作同 1 ~2 拍，方向相反；5 ~6 拍两臂体前交叉转体；7 ~8 拍两臂下伸
	面向	1 ~2 拍 3 点；3 ~4 拍 7 点；5 ~6 拍转体 360 度；7 ~8 拍 1 点

第二个八拍

1 2 3 4 5 6 7 8

动作说明	下肢	1 ~2 拍左腿后弓步；3 ~4 拍并立提踵立；5 ~6 拍右腿上步右转 90 度；7 ~8 拍两脚并立
	躯干与身体	1 ~2 拍两手互握；3 ~4 拍两臂向下经后绕至上举，身体前波浪；5 ~6 拍两臂侧下举；7 ~8 拍还原
	面向	1 ~4 拍 8 点；5 ~8 拍 3 点

第三个八拍

1 2 3 4 5 6 7 8

动作说明	下肢	1 ~2 拍分腿跳；3 ~4 拍右腿开始向前两步；5 拍开立半蹲；6 拍并立提踵；7 ~8 拍右腿上步吸腿
	躯干与身体	1 ~2 拍左臂侧上举，右臂侧下举；3 ~4 拍臂自然摆动；5 拍左臂前举；6 拍右臂上举；7 ~8 拍右臂向前绕至体前
	面向	1 ~2 拍 1 点；3 ~4 拍 1 点；5 拍 3 点；6 ~7 拍 7 点；8 拍 1 点

第四个八拍

1 2 3 4 5 6 7~8

动作说明	下肢	1～2 拍左腿开始走两步；3～4 拍上步右举腿跳；5～6 拍向左弧形走步；7～8 拍左腿吸腿跳
	躯干与身体	1 拍左臂侧举；2 拍右臂侧举；3～4 拍左臂经上向内绕至上举；5～6 拍臂自然摆动；7～8 拍两臂上举
	面向	1～4 拍 1 点；5～7 拍 5 点；8 拍 1 点

第五至第八个八拍动作同第一至第四个八拍动作，但方向相反。

第三章　啦啦操运动

内容摘要

本章主要介绍了啦啦操运动的发展简况及基础知识；详述了啦啦操基本动作并列举了不同风格的舞蹈啦啦操示范套路。

教学目标

通过本章学习，认识并了解啦啦操运动。正确了解啦啦操的概念、分类及运动特点。了解啦啦操的起源以及在国内外的发展简况。通过练习能够掌握舞蹈啦啦操练习方法及动作技术，感受啦啦操运动的魅力与活力。

第一节　啦啦操运动发展简况

一、国际啦啦操运动发展简况

（一）啦啦操运动的起源与发展

啦啦操（又称啦啦队）是体育运动中的一个新兴项目，起源于美国，至今已经有一百多年的历史。最初为美国球赛呐喊助威的活动，经过多年发展和完善，现在成为世界范围内的一项体育运动。

现代啦啦操的运动可以追溯到19世纪80年代的美国。在当时普林斯顿大学的一次橄榄球比赛中，为了帮助队员加油、呐喊、助威、烘托赛场气氛，第一次出现了自发的、有组织的团队表演形式，这即是现代啦啦操运动的雏形。第一支啦啦队成立于1898年，明尼苏达大学学生 Johnny Campdell 在一次橄榄球比赛中非常激动，从人群中跳出来在队伍前面带领观众为比赛加油助威，这件事件被记载在明尼苏达大学发行的“ariel”刊物上。1898年11月12日最后一场橄榄球比赛中，明尼苏达大学的学生组织了6名男生带领观众呐喊助威，由此第一支啦啦队诞生了。

自明尼苏达大学组织了第一支啦啦队的这一期间，喇叭开始在啦啦队的表演中使用。在20世纪20年代以前，啦啦队表演还主要是以男性为主，后来女性也开始活跃其中。20世纪30年代，啦啦操表演中开始使用纸做的花球，这样更加提升了啦啦队表演的观赏性。20世纪40年代，Lawrence R. Herkimer 在 Texas 的 Dastoff 成立了第一家啦啦队公司。20世纪50年代，美国各大学成立了啦啦队工作室，研究与教授啦啦队的基本动作。20世纪60年代“国际啦啦队基金会”开始在美国各地为各校啦啦队教练进行专门的训练课程。1967年美国开始评选第一届年度“十佳大学啦啦队”。同时“国际啦啦队基金会”开始颁发“全美优秀啦啦队员”奖项，奖项的设立进一步推动了啦啦队运动的发展。1978 年哥伦比亚广播公司 CBS 体育频道首次向全国范围转播了“大学生啦啦队锦标赛”，从此，啦啦队运动开始被人们视为一项严肃的体育项目。此时，啦啦队的技术技巧也有了很大的提高，增加了体操中的技巧、叠罗汉和跳跃等动作。20 世纪 80 年代美国啦啦队在大学之间进行比赛的同时，也出现了中学之间的比赛活动，这样啦啦队运动又有了进一步的发展。后来啦啦队的涉足领域更加广泛，得到了各界的认可。1980 年美国第一届啦啦队锦标赛，首次制定了比较规范的比赛规则，标志着啦啦队运动正式进入到竞技比赛的行列中。随着啦啦队运动的发展，难度不断增加，训练和比赛期间难免会出现一些意外事故，因此，在 1983 年作出规定，限制危险性的动作和不健康的叫喊，并在 1985 年制定了安全指导规则。20 世纪 90 年代以后，随着啦啦队的飞速发展，全美各州大、中学校都拥有自己的啦啦队及团体协会，并且建立了自己的啦啦队网站。同时开展了很多全国性的大赛——US OPEN CHAMPIONSHIPS（美国公开赛啦啦队和舞蹈锦标赛）、US NATIONAL CHAMPIONSHIPS（全美啦啦队和舞蹈锦标赛），并且制定了比较完善的竞赛和安全规则。参加美国高规格的大赛并获得冠军的啦啦队将享有极高的荣誉。

（二）国际啦啦操联盟的成立

1998 年国际啦啦操联盟（International Cheerleading Federation）成立，是啦啦操运动发展史上的重要转折点，它是一个以推动啦啦操运动向世界范围发展，通过传播啦啦操知识提高世界青少年健康水平以及促进国家、地区之间啦啦队协会之间友谊和世界和平为目标的非盈利组织。总部设在东京，目前有 15 个会员国。2001 年第一届世界啦啦操锦标赛在东京召开，吸引了全世界 8 个国家和地区参与（芬兰、德国、日本、挪威、斯洛文尼亚、瑞典、英国和中国台湾），正式将啦啦队提升为世界竞技运动。此后，每两年一次，参赛国家和地区也随比赛届数增加而增多。

二、我国啦啦操运动发展简况

啦啦操运动在中国是一项新兴的现代体育项目。啦啦操这种运动形式是由美国美职篮传入我国，1998 年中国大学生篮球联赛诞生以来，各高校学生为其加油呐喊的啦啦操表演形式便出现在赛场上，因此，啦啦操运动首先在高校得到发展与中国大学生篮球联赛的产生有着直接的影响。

1999 年由中国大学生健美操艺术体操协会（简称两操协会）发起并拟写中国啦啦操运动开展设想方案，得到了包括教育部中国大体协领导的一致肯定和支持。1999－2001 年进行前期筹备，于 2001 年 4 月编写了《中国学生啦啦队竞赛评分规则》。同年 6 月在广州体院举办首次啦啦队教练员及评判员培训。2001 年 11 月在广州暨南大学举办了首届“中国大学生动感啦啦队大赛”，这标志中国啦啦操运动的正式开始。2002 年两操协会在四川举办了“西部阳光杯”全国大学生健美操、艺术体操锦标赛暨第二届中国大学生啦啦队大赛，此届比赛在规模和观赏性上均比第一届有了大大的提高。这两次比赛并没有进行啦啦操项目的细分，由于当时啦啦操运动在我国发展只有两三年的时间，大多数人对该项目特征还较为模糊，仅仅停留在对国外影像资料的模仿阶段。

2004 年，两操协会首次系统地进行啦啦操运动相关理论和技术的培训，编排了四套规定动作，出版了光碟，并将此项目列为两操协会正式比赛项目。2004 年 4 月，颁布实施了《中国学生啦啦队竞赛评分规则（第二版）》。2004 年 12 月在广州体院举办了“第四届中国学生啦啦队锦标赛暨 2006 年啦啦队锦标赛选拔赛”。最终由广州体育学院等六所高校组成的中国啦啦队代表团于 2006 年 4 月首次参加了在美国奥兰多举行的“2006 年世界啦啦队锦标赛”，并获得全女生组亚军的好成绩。这次是我国啦啦队首次走出国门，参加世界顶级的啦啦队比赛，标志着中国啦啦操运动正式迈向国际啦啦操舞台。

第二节 啦啦操运动基础知识

（一）啦啦操定义

啦啦操的英文名称为 cheerleading，其中 cheer 有振奋精神、提振士气的意思。啦啦操是在音乐的衬托下，通过队员集体共同完成复杂、高难度的啦啦操特有的难度技巧，并结合各种舞蹈的风格动作，集中体现青春活力、健康向上的团队精神，并追求最高团队荣誉感的一项体育运动。

（二）啦啦操项目特征

1. 团队精神 团队精神特征是啦啦操运动有别于其他运动的最显著特征。通过各种动作的配合、难度的展现、队员的口号以及队形的转换等形成积极协调的组织氛围，提高团队整体的凝聚力。同时，动作的整齐一致性充分体现了团队的凝聚力、配合能力以及完成动作时所表现出来的自信心、运动能力、感染力、号召力的完美结合。完成动作时要体现团队的整齐划一，包括团队整体的运动能力、表演能力、默契配合等因素。

2. 技术特征 啦啦操技术特征体现在所有肢体类动作的发力方式，即通过短暂加速、定位制动来实现啦啦操特有的力度感，具有清晰的开始和结束，动作完成干净利落并且位置精确；在运动过程中要求重心低、身体控制移动平稳。

（三）啦啦操的分类

1. 技巧啦啦操

定义：技巧啦啦操是以翻腾、托举、抛接、金字塔组合、舞蹈动作、过渡连接及口号等形式为基本内容的团队项目。

运动特点：啦啦操主要是由高难度的啦啦操技术技巧的展示组成，其队员必须要具备高素质、高标准、自信和充满活力的高水平完成动作的能力，使技巧啦啦操更具有强烈的视觉冲击感、刺激性、感染性与竞技性。其难度分为四类，即翻腾、抛接、托举、金字塔。

2. 舞蹈啦啦操

定义：舞蹈啦啦操是以舞蹈动作为主，通过展示各种舞蹈技巧和元素并可以结合道具为基本内容的团队项目。

运动特点：舞蹈啦啦操具有广泛的适应性，它主要以舞蹈动作为主，没有高难度的技巧动作，因此在大、中、小学中得到了大力的推广。舞蹈啦啦操强调整体成套动作编排的风格化与艺术性，因此又具有强烈的观赏性。其难度分为三类，即转体、跳步、平衡与柔韧。

第三节 啦啦操基本动作

啦啦操动作技术要求：重心稳，移动快；手臂发力狠，位置准；手臂动作要保持在额状轴前方。

一、啦啦操基本手位

（一）对称类

上M（up M）

下M（hand on hip）

平举W（muscle man）

高举V（high V）

下举V（low V）

T（T）

小T（half T）

直臂平举X（front X）

高举X（high X）

下举X（low X）

屈臂X（bend X）

X（X）

上举A（up A）

下举A（down A）

屈臂A（applauding）

上举H（touch down）

下举H（low touch down）

（二）不对称类

斜举T（diangonal）

小H（little H）

L（L）

倒L（low L）

K（K）

Side K（Side K）

R（R）

大弓箭（bow and arrow）

小弓箭（bow）

旗兵1（high punch）

旗兵2（low side punch）

旗兵3（low cross punch）

旗兵4（up cross punch）

旗兵5（half dagger）

旗兵6（high side punch）

二、啦啦操基本站位

立正站（feet together）

军资站（hand on back）

弓步站（lunge）

侧弓步站（side lunge）

锁步站（lock step）

吸腿站（knee）

三、啦啦操基本手势与意义

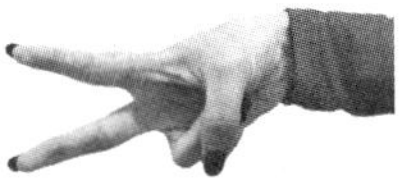
胜利（victory）

力量（fist）

喝彩（open palm）

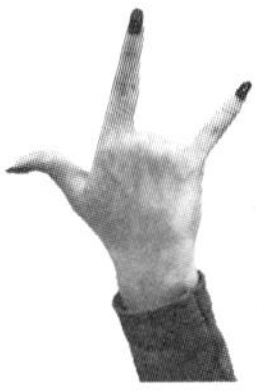
酷（cool）

团结

真棒（thumb）

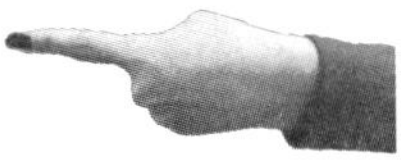
勇往直前（forefinger）

自信张扬（palm）

第四节　啦啦操示范动作

一、花球啦啦操

第一段：
第一个八拍

准备　1~2　3　4　5　6　7　8

动作说明	下肢	1～2 拍右脚向前成弓步；3 拍转体成半蹲；4 拍还原成弓步；5 拍收右脚成并立提踵；6 拍半蹲；7 拍小分腿跳；8 拍并立半蹲
	躯干与身体	1～2 拍屈臂 X 成下举 V；3 拍双手成 X；4 拍上举 V；5～6 拍双手向内绕环；7 拍上举 V；8 拍低头双手还原
	面向	1～2 拍 1 点；3 拍 7 点；4～8 拍 1 点

第二个八拍

1~2 3 4 5 6 7 8

动作说明	下肢	1～2 拍左脚成弓步；3 拍吸右腿；4 拍转体成左弓步；5 拍吸右腿；6～7 拍右脚落地成开立半蹲；8 拍双腿并立提踵
	躯干与身体	1～2 拍上举 H；3 拍屈臂 H 低头；4 拍 K；5 拍骑兵手势；6～7 拍右手向内绕环；8 拍上举 A
	面向	1～3 拍1 点；4 拍7 点；5～8 拍1 点

第三个八拍

1~2 3 4 5 6 7 8

动作说明	下肢	1～2 拍右脚有前方上步成弓步；3 拍上左脚；4 拍上右脚；5 拍半蹲；6 拍左腿后屈腿；7～8 拍向左并步
	躯干与身体	1～2 拍左手高举 V，右手 X；3～4 拍小 T；5 拍下举 X 低头；6 拍骑兵手势，头右倒；7～8 拍右臂小臂向内绕环，头左倒
	面向	1～8 拍1 点

第四个八拍

1~2 3 4 5~6 7~8

动作说明	下肢	1～2 拍双脚开立；3 拍双脚并立；4 拍左脚成弓步；5～6 拍吸右腿；7～8 拍双脚开立
	躯干与身体	1～2 拍左手叉腰；右手 T；3 拍上举 A；4 拍左手侧举，右手前举；5～6 拍小 T，转体甩头；7～8 拍下举 V，点头
	面向	1～4 拍 1 点；5～6 拍转体 360 度；7～8 拍 1 点

第五个八拍

1　2　3　4　5~8

动作说明	下肢	1 拍开立半蹲；2 拍左腿后屈膝；3 拍开立半蹲；4 拍右腿前吸腿；5～8 拍后退
	躯干与身体	1 拍屈臂 X，低头；2 拍下举 V，头右倒；3 拍屈臂 X，低头；4 拍上举 V；5～8 拍下举 X，低头
	面向	1～8 拍 1 点

第六个八拍

1~2　3~4　5　6　7~8

动作说明	下肢	1～2 拍左脚向前成弓步；3～4 拍收右脚成并立；5 拍右脚向右成开立；6 拍成左弓步；7～8 拍收右脚成并立
	躯干与身体	1～2 拍骑兵手势；3～4 拍屈臂 A；5 拍小 T；6 拍 K；7～8 拍双臂还原
	面向	1～5 拍 1 点；6 拍 7 点；7～8 拍 1 点

第一段：

第一个八拍

1　2　3　4　5　6~7　8

动作说明	下肢	1~2 拍左脚开始 V 字步成开立半蹲；3 拍双膝内扣；4 拍成并立；5~7 拍向前迈右脚成弓步；8 拍收右脚成并立
	躯干与身体	1 拍右手 X；2 拍左手 X；3 拍双肘内扣，低头；4~5 拍上举 V；6 拍臂还原；7 拍点头；8 拍屈臂 A
	面向	1~2 拍 1 点；3~8 拍 3 点

第二个八拍

1~2　3~4　5~6　7~8

动作说明	下肢	1~2 拍转体右腿后撤成左弓步；3~4 拍吸左腿；5~6 拍向后撤左腿成前后开立半蹲，左腿重心；7~8 拍成并步
	躯干与身体	1~2 拍直臂前举 A；3~4 拍上举 V；5~6 拍双手扶膝；7~8 拍双手还原
	面向	1~6 拍 7 点；7~8 拍 1 点

第三个八拍

1~2　3　4　5~6　7　8

动作说明	下肢	1 ~3 拍左腿侧出成开立；4 拍还原并立；5 ~6 拍右腿向前成弓步；7 ~8 拍拍摆髋
	躯干与身体	1 ~2 拍 X；3 拍骑兵手势；4 拍还原；5 ~6 拍上举 H；7 拍屈臂 H；8 拍下举 H
	面向	1 ~8 拍 1 点

第四个八拍

1~2　3　4　5　6　7　8

动作说明	下肢	1 ~2 拍右腿重心开立半蹲；3 ~4 拍收左腿成并步；5 ~8 拍连续向左侧并步
	躯干与身体	1 ~2 拍左手 T；右手小 T；3 ~4 拍左手向下绕环一周半；5 ~8 拍小 T
	面向	1 ~2 拍 1 点；3 ~8 拍 3 点

第五至第八个八拍动作同第一至第四个八拍，方向相反。

第三段：
第一个八拍

1~4　5　6　7　8

动作说明	下肢	1 ~4 拍左脚向左弧线走一周；5 ~8 拍开立摆髋
	躯干与身体	1 ~4 拍屈臂 H；5 拍右手 X，左手上举 V；6 拍同 5 拍，方向相反；7 拍同 5 拍；8 拍同 6 拍。
	面向	1 ~4 拍 8 点、6 点、4 点、1 点；5 ~8 拍 1 点

第二个八拍同第一个八拍，动作相反，方向相反。

第三个八拍

1~2　3　4　5　6　7~8

动作说明	下肢	1～2 拍左脚向左成开立；3 拍左转；4 拍左腿跪撑；5～8 拍向右转体同时臀部坐地，两腿依次举腿绕，成右腿跪撑
	躯干与身体	1～3 拍胸前直臂 H；4 拍扶膝；5～8 拍双手扶地
	面向	1～2 拍 1 点；3 拍 7 点；4 拍 3 点；5～7 拍转体至 3 点；8 拍 1 点

第四个八拍

1~2　3~7　8

动作说明	下肢	1～7 拍开立；8 拍还原成并立
	躯干与身体	1～2 拍体前，屈左手扶左髋右手前举；3～7 拍身体做前波浪；8 拍还原
	面向	1～7 拍 3 点；8 拍 1 点

第五至第八个八拍动作同第一至第四个八拍动作，方向相反。

第四段：
第一个八拍

1　2　3　4　5~6　7　8

动作说明	下肢	1～4 拍右脚开始踏步；5～6 拍跳成开立；7～8 拍摆髋
	躯干与身体	1 拍小 T；2 拍直臂 X；3 拍同 1 拍；4 拍上举 X；5～6 拍左臂斜 T；7～8 拍右手扶左髋，左手 X
	面向	1～8 拍 1 点

第二个八拍

1　2　3~4　5~7　8

动作说明	下肢	1 拍成并立；2 ~ 7 拍左脚向侧成开立半蹲；8 拍成并立
	躯干与身体	1 拍还原屈臂 A；双手扶膝，低头；3 ~ 4 拍 T；5 ~ 7 拍身体前波浪；8 拍还原
	面向	1 拍 1 点；2 ~ 4 拍 3 点；5 ~ 8 拍 1 点

第三个八拍

1~2　3~4　4　5~6　7　8

动作说明	下肢	1 ~ 2 拍向右跳转 180 度成开立；3 ~ 4 拍左右摆髋；5 ~ 6 拍锁步；7 ~ 8 拍右腿大踢腿
	躯干与身体	1 ~ 4 拍下举 V；5 ~ 6 拍上举 X；7 拍下举 V；8 拍还原
	面向	1 ~ 8 拍 5 点

第四个八拍

1　2　3~4　5　5　6　7~8

动作说明	下肢	1 ~ 2 拍左脚开始向前走两步；3 ~ 4 拍跳成开立；5 ~ 6 拍转髋两次；7 ~ 8 拍向右转体 180 度
	躯干与身体	1 拍右手上举 X；2 拍左手上举 X；3 ~ 6 拍下举 V；7 ~ 8 拍还原
	面向	1 ~ 6 拍 5 点；7 ~ 8 拍 1 点

第五至第八个八拍动作同第一至第四个八拍动作，方向相反。

二、啦啦操示范动作

第一段：
第一个八拍

1~2　3~4　5~6　7~8

动作说明	下肢	1 ~4 拍左脚开始向前走 4 步；5 ~6 拍跳成开立半蹲；7 ~8 拍收右脚成并步半蹲
	躯干与身体	1 ~4 拍左手叉腰，右手从左前方至右前方，指掌；5 ~6 拍下举 V；7 ~8 拍胸前直臂 A
	面向	1 ~6 拍 1 点。7 ~8 拍 7 点

第二个八拍

1~2　3~4　5　6　7~8

动作说明	下肢	1 ~4 拍右脚开始踏步两次；5 拍右脚向前成弓步；6 拍摆髋成左腿弓步；7 ~8 拍摆髋成右腿弓步
	躯干与身体	1 ~4 拍左臂保持前举，右臂从斜下举摆至上举；5 拍小 T；6 拍屈臂 H，低头；7 ~8 拍上举 V
	面向	1 ~4 拍 7 点；5 拍 1 点；6 拍 5 点；7 ~8 拍 1 点

第三个八拍

1　2　3　4

5~6　7　8

动作说明	下肢	1 ~2 拍原地小马跳；3 ~4 拍左腿向左一步成开立半蹲同时左右摆髋；5 ~6 拍向右跳转 180 度成开立半蹲；7 ~8 拍左右两次摆髋
	躯干与身体	1 拍左手高举 V，右手 X；2 拍同 1 拍方向相反；3 ~4 拍左手叉腰，右手左前举至右前举，指掌；5 ~8 拍下举 V
	面向	1 ~4 拍 1 点；5 ~8 拍 5 点

第四个八拍

1~3　4　5　6　7　8

动作说明	下肢	1 ~4 拍左脚开始弧线走向；5 ~6 拍左脚向左一步成开立，向左顶髋两次；7 拍半蹲；8 拍双脚还原并立
	躯干与身体	1 ~4 拍双手由小 T 经前举 H 经小 T 至还原；5 ~6 拍下举 V；7 拍小 T，向右倒头；8 拍还原
	面向	1 ~4 拍 3 点、5 点、7 点、1 点；5 ~6 拍 1 点；7 ~8 拍 1 点

第五个八拍

1　2　3　4　5　6　7　8

动作说明	下肢	1 ~4 拍原地小马跳；5 ~8 拍左腿向左一步成开立，左右摆髋
	躯干与身体	1 ~4 拍双手上举击掌；5 ~6 拍左手叉腰，右手上举左右摆动；7 ~8 拍双手扶髋
	面向	1 ~8 拍 1 点

第六个八拍

1~2　3　4　5~6　7　8

动作说明	下肢	1～2 拍开立；3～4 拍并立向右转体 360 度；5～6 拍左腿向前一步成弓步半蹲；7 拍左腿向左成开立半蹲；8 拍还原
	躯干与身体	1～2 拍左臂上举 V，右臂 X；3～4 拍屈臂 A；5～6 拍下举 V；7 拍双手扶膝；8 拍还原
	面向	1～2 拍 1 点；3～4 拍 5 点；5～8 拍 1 点

第七个八拍

1　2　3　4

5　6　7　8

动作说明	下肢	1～4 拍左脚开始向前走 4 步；5～6 拍吸右腿；7～8 拍踢右腿
	躯干与身体	1 拍右手上举 X；2 拍左手上举 X；3～8 拍 T
	面向	1～8 拍 1 点

第八个八拍

1　2~3　4　5~6　7　8

动作说明	下肢	1 拍右脚向侧后一步；2～4 拍向右并立转体 360 度；5～6 拍左脚向侧点地一次，7～8 拍左脚并步一次
	躯干与身体	1 拍 T；2～4 拍屈臂 A 至上举 A；5～6 拍左手叉腰，右手 X 变形动作；7 拍上举 V；8 拍还原
	面向	1 拍 2 点；2～4 拍向右转体 360 度；5～8 拍 3 点

第九个八拍

1~2　　3~4　　5~8

动作说明	下肢	1~4 拍先前走两步；5~8 拍向前走 4 步
	躯干与身体	1~4 拍左手下举，右手上举，依次交换；5~8 拍小 T，4 次振胸
	面向	1~2 拍 2 点；3~4 拍 5 点；5~8 拍 3 点

第十个八拍

1~4　　5~6　　7~8

动作说明	下肢	1~4 拍踏步；5~6 拍开立；7~8 拍成半蹲
	躯干与身体	1~4 拍双手置于体侧；5~6 拍屈臂 A；7~8 拍右手扶髋，左手置于体前
	面向	1~8 拍 1 点

第十一个八拍

1　　2　　3~4　　5~6　　7~8

动作说明	下肢	1~4 拍开立半蹲身体下振，一慢两快；5~6 拍成右弓步；7~8 拍左弓步
	躯干与身体	1~4 拍右手扶髋，左手前扶；5~6 拍右手下举，左手屈臂 H；7~8 拍相反
	面向	1~8 拍 1 点

第十二个八拍

1~2 3~4 5~6 7~8

动作说明	下肢	1～2 拍开立；3～4 拍并立；5～6 拍右腿前举勾脚；7～8 拍还原
	躯干与身体	1～2 拍屈臂 A；3～4 拍还原；5～6 拍 T，身体稍后倒；7～8 拍还原
	面向	1～8 拍 1 点

第二段：个性舞蹈

第一个八拍

1~6 7~8

动作说明	下肢	1～6 拍踏步；7～8 拍成并立
	躯干与身体	1～6 拍屈臂 A；7～8 拍还原
	面向	1～8 拍 1 点

第二个八拍

1 1 2 2 3~4 5 6

7 7 8

动作说明	下肢	1 拍双腿跳，吸左腿；2 拍左脚向左一步成开立，吸右脚；3 ~4 拍右脚落地成开立；5 拍吸左腿；6 拍成右弓步；7 ~8 拍左腿交叉成锁步
	躯干与身体	1 拍左手 X，右手 T，开掌，头右转，双手小 T；2 拍两臂侧下举，开掌，双手小 T；3 拍同 2 拍方向相反；4 拍振胸；5 拍双手屈臂 H，握拳，低头；6 拍双手前举，上体后仰，花掌，掌心向上；7 拍屈臂 X 交叉两次；8 拍
	面向	1 拍 7 点；2 ~4 拍 1 点；5 ~6 拍 3 点；7 ~8 拍 1 点

第三个八拍

1 2 3 4 5 6 7 8

动作说明	下肢	1 拍左脚向左成开立半蹲；2 ~3 拍向右摆髋；4 拍向左转体 90 度成弓步；7 拍成开立半蹲；8 拍还原
	躯干与身体	1 拍左手背后，左手扶左肩；2 拍 T；3 拍左手侧举，右手从左绕头一周；4 拍胸前直臂 A；5 ~6 拍甩头到 1 点；7 ~8 拍身体前波浪
	面向	1 ~3 拍 1 点；4 拍 7 点；5 ~6 拍 7 点；7 ~8 拍 1 点

第四个八拍

1 2 3 4 5 6 7 8

动作说明	下肢	1 拍左脚前点；2 拍左脚后点；3 ~4 拍向前上步吸腿；5 ~8 拍落地成开立
	躯干与身体	1 拍左臂下举，右手上举；2 拍同 1 拍方向相反；3 ~4 拍左臂下举，右手从左绕头；5 ~6 拍提右肩 2 次；7 拍身体后仰，双手小 T 在头部前方，低头；8 拍身体前倾，双手下举 V
	面向	1 ~4 拍 1 点；5 ~6 拍 8 点；7 ~8 拍 8 点

第三段：

第一至第五个八拍与第一段第一至第五个八拍动作相同。

第六个八拍

1~2　3　4　5~6　7　8

动作说明	下肢	1 ~ 2 拍右脚右前方成弓步；3 拍上左脚；4 拍上右脚；5 ~ 6 拍锁步；7 ~ 8 拍踢右腿
	躯干与身体	1 ~ 2 拍左手高举 V，右手 X；3 ~ 4 拍小 T；5 ~ 6 拍上举 X；7 拍下举 V；8 拍还原
	面向	1 ~ 2 拍 1 点；3 ~ 4 拍 1 点；5 ~ 8 拍 1 点

第七个八拍

1　2　3　4　5　6~7　8

动作说明	下肢	1 ~ 2 拍左脚开始 V 字步成开立半蹲；3 拍双膝内扣；4 拍成并立；5 ~ 7 拍右脚向前成弓步；8 拍收右脚
	躯干与身体	1 拍左手 X；2 拍右手 X；3 拍双肘内扣，低头；4 ~ 5 拍上举 V；6 拍臂还原；7 拍点头；8 拍屈臂 A
	面向	1 ~ 8 拍 1 点

第八个八拍

1~2　3~4　5~6　7~8

动作说明	下肢	1～2 拍转体右腿后腿成弓步；3～4 拍吸左腿；5～6 拍左腿后退成右点地立，屈膝半蹲；7～8 拍成并立
	躯干与身体	1～2 拍直臂前举 A；3～4 拍上举 V；5～6 拍左手扶髋右手扶膝；7～8 拍还原
	面向	1～6 拍 7 点；7～8 拍 1 点

第九个八拍

1~4　5　6　7　8

动作说明	下肢	1～4 拍左脚开始弧线走，低头；5～7 拍开立摆髋；8 拍成并立
	躯干与身体	1～4 拍屈臂 H；5 拍右手 X，左手上举 V，6 拍同 5 拍方向相反，7 拍同 5 拍，8 拍同 6 拍
	面向	1～4 拍 2 点、4 点、6 点、1 点，5～8 拍 1 点

第十个八拍

1　2　3~4　5　6　7　8

动作说明	下肢	1～2 拍右腿上步；3～4 拍并立转体 360 度；5～8 拍开立左右摆髋
	躯干与身体	1～2 拍 T；3～4 拍上举 A；5～8 拍双手扶髋
	面向	1～2 拍 2 点；3～4 拍转体；5～8 拍 1 点

第十一个八拍

1~2　3~4　5~8

动作说明	下肢	1 ~ 2 拍开立半蹲；3 ~ 4 拍吸右腿转体 360 度；5 ~ 8 拍开立
	躯干与身体	1 ~ 2 拍左手 T，右手前举；3 ~ 4 拍转体小 T；5 ~ 6 拍上举 V；7 ~ 8 拍点头
	面向	1 ~ 2 拍 1 点；3 ~ 4 拍转体；5 ~ 8 拍 1 点

第十二个八拍

1 ~ 8

动作说明	下肢	1 ~ 8 拍跑步
	躯干与身体	自由欢呼
	面向	自由

第十三个八拍

动作说明	下肢	弓步
	躯干与身体	上举 V
	面向	1 点

书网融合……

微课 1　微课 2　微课 3

微课 4　微课 5　微课 6